心理学与有效沟通

毛振福◎著

中国纺织出版社有限公司

内 容 提 要

口才对于现代人的重要性毋庸置疑，而口才不是唱独角戏，而是沟通。沟通是一种双向的语言活动，良好的沟通离不开心理学，懂心理才能让你看透他人心理，提升沟通效率。

本书就从心理学角度入手，教会读者看人、读心、交流的技巧，通过活泼、生动的案例，深入浅出地向我们阐述了如何识人、察人、读心和参与人际沟通，让我们轻松掌握在各种场景下的沟通技巧，帮我们达成所愿。

图书在版编目（CIP）数据

心理学与有效沟通／毛振福著. --北京：中国纺织出版社有限公司，2019.11
 ISBN 978-7-5180-6342-0

Ⅰ.①心… Ⅱ.①毛… Ⅲ.①心理交往—社会心理学—通俗读物 Ⅳ.①C912.11-49

中国版本图书馆CIP数据核字（2019）第126546号

责任编辑：李　杨　　特约编辑：王佳新
责任校对：江思飞　　责任印制：储志伟

中国纺织出版社有限公司出版发行
地址：北京市朝阳区百子湾东里A407号楼　邮政编码：100124
销售电话：010—67004422　　传真：010—87155801
http://www.c-textilep.com
中国纺织出版社天猫旗舰店
官方微博http://weibo.com/2119887771
三河市延风印装有限公司印刷　　各地新华书店经销
2019年11月第1版第1次印刷
开本：880×1230　1/32　印张：6.5
字数：118千字　定价：39.80元

凡购本书，如有缺页、倒页、脱页，由本社图书营销中心调换

前言

生活中，茶余饭后，人们可能都会谈及这样的话题，什么样的人最受人欢迎？也许有人会说，长相出众的人最受欢迎；也有一些人会说，工作能力突出的人最受欢迎，这几点，我们都不否认，但一个人要想左右逢源，要想获得成功，还必须拥有与这个社会接轨的"敲门砖"，也就是人们说的"口才"。通俗一点儿说，一个人受到的社会支持度，与其语言沟通能力有很大的关系。戴尔·卡耐基说："一个人的成功约有15%取决于技术知识，85%取决于口才艺术。"在现代社会，无论是职场还是商场，一个人的口才就是软实力，决定了一个人的人际关系，如果别人认同你、喜欢你，就会愿意帮助你、与你开展合作，才能给予你更多的机会，让你获得成功。

然而，谁都会说话，但不是谁都能把话说得好，我们要想把话说出效果，说得精彩，必须从心理学的角度入手，用"心"去说，才能打开他人心门，获得你想要的沟通效果。

的确，所谓沟通，指的是人与人之间、人与群体之间思想与感情的传递和反馈的过程，以求思想达成一致和感情的通畅。从沟通的定义中，我们也看到，沟通一定要是双向的，这样一来一往，才能够算得上是真正成功的交流。为此，我们在与人沟通过程中，要想获得好的沟通效果，就不能一味地说，

而忽视了沟通对象的存在。

然而,一些人还是会产生疑问,为什么我苦口婆心地说了很多,孩子好像一句话也没听进去呢?为什么和爱人一说话就吵架呢?为什么向领导建议,却被驳回呢……沟通似乎很难。其实一切只是因为我们没要找到沟通的要义所在——直指人心的沟通才是最有效的。

的确,同样都是说话,效果却各不相同。怎么样才能让自己的语言起到我们所期望的效果呢?很简单,直指人心的语言才是最有效的。为此,一定要"攻心",以"心"为重。针对我们说话的对象,具体分析他们的心理状态和弱点,以此来决定什么时机点该说什么话,什么时机点不该说什么话,或是该说多少话。

对于心理学,一些人认为它高深莫测。甚至以为只要学了心理学,就能看透他人的心思。实际上,心理学并没有如此神奇的作用。但是,了解心理学确实能帮助我们更好地了解他人的心理,从而帮助我们更好地找到沟通对策。、

本书就是从心理学的角度出发,全面系统地揭示了心理学在口才技巧中的运用,在本书中,你将会学到实用高效的沟通技能,提高你在与人交往方面的语言能力,进而帮你掌握最能赢得人心的沟通诀窍,成就自己的精彩人生。

作者
2019年5月

目录

第1章 良好沟通，从双方释放的第一个善意开始 ◎ 001

你的微笑，是参与社交的通行证 ◎ 002

把握好第一印象，留下完美初见 ◎ 004

善于说话，给第一印象加点"言"色 ◎ 008

与人沟通，多说善意的话 ◎ 010

积极热情，让对方感受到你的真诚 ◎ 012

第2章 找到好的话题，让沟通事半功倍 ◎ 017

选对话题，好的话题是交谈成功的一半 ◎ 018

努力用心，说出漂亮的第一句话 ◎ 021

孩子，永远能带动为人父母者的话题 ◎ 024

从热门话题谈起，迅速炒热气氛 ◎ 026

谈大家都能聊的话题，更易带动聊天气氛 ◎ 030

第3章 沟通之前先观察，看清人心好说话 ◎ 035

快速读懂人心，让社交有的放矢 ◎ 036

察言观色，才能更好地了解他人 ◎ 039

不要只凭第一印象去处理人际关系 ◎ 043

看清一个人的性格，在社交生活中尤为重要 ◎ 046

第4章　高效沟通，主动与他人进行良好交流　◎ 049

言多必失，沟通要选准时机　◎ 050

让对方多说话，会有助于我们达到沟通目的　◎ 053

懂得说话的艺术，语言直击要害　◎ 057

少说多听，是保持良好沟通的法宝　◎ 060

避开沟通位差效应，平等交流　◎ 064

第5章　利用心理暗示，让你的想法悄悄传递　◎ 069

有些话不必直说，暗示法让对方心知肚明　◎ 070

暗示是一种绝佳的交流方式　◎ 072

委婉表达，让对方轻松接受　◎ 076

完美的"标签"是一种积极的心理暗示　◎ 079

找个"借口"，为下次交流制造契机　◎ 083

第6章　善于拉近关系，沟通起来更顺利　◎ 087

多说"我们"，制造亲近感　◎ 088

释放你的热情，成为一个温暖的人　◎ 091

说点甜言蜜语，将恭维话说到位　◎ 094

满足他人虚荣心，为沟通奠定基础　◎ 096

侧耳倾听，给对方畅所欲言的机会　◎ 099

第7章　批评的话要点到为止，正向沟通不伤人 ◎ 103

把握分寸，批评别太过火 ◎ 104
批评前先赞美几句，对方更易接受 ◎ 108
表达出你的爱和担心，让批评也温暖 ◎ 110
巧妙引导，让对方认识到自己的错误 ◎ 114
巧用反问句，让对方领会我们的意思 ◎ 117

第8章　把握好气氛，沟通的愉悦性决定沟通效果 ◎ 121

语言幽默，学习相声中逗哏和捧哏的交流技巧 ◎ 122
良好的谈话氛围，使沟通顺利进行 ◎ 125
求人办事，语言亲昵令对方不好拒绝 ◎ 129
把握分寸，说点软话 ◎ 131
表达你的关注，记住朋友的每件小事 ◎ 134

第9章　打动他人需技巧，沟通更需得人心 ◎ 139

多为他人着想，别做自私自利的人 ◎ 140
说话投其所好是一种高超的表达技巧 ◎ 143
少说多听，让别人不知不觉喜欢你 ◎ 147
展现"自我价值"，让对方答应我们的诉求 ◎ 150
沟通中多为对方描绘美好蓝图 ◎ 151

第10章　看破不说破，给人留面子也给自己攒人情 ◎ 155

面子效应：无论何时都要为他人留面子 ◎ 156

主动化解，重拾友情并不是一件难事 ◎ 158

刻薄，只能让你寸步难行 ◎ 162

避开交流禁忌区，学会恰到好处地运用语言技巧 ◎ 165

打人不打脸，骂人不揭短 ◎ 168

第11章　职场积极沟通，赢得青睐和尊重 ◎ 171

冷落同事，"受冻"的还是你自己 ◎ 172

学会与你不喜欢的同事和谐共处 ◎ 175

适时向领导谏言，展现你的责任心 ◎ 176

低调做人，把耀眼时刻让给领导 ◎ 178

赏罚分明，激励与鞭策同步进行 ◎ 181

第12章　甜蜜恋情，给爱情增温也需要懂点技巧 ◎ 183

丈夫的巧妙语言，让婚姻生活更加顺遂如意 ◎ 184

适当说些"醋话"，暗示你的爱意 ◎ 188

偶尔小吵小闹也是一种情趣 ◎ 190

男人再忙也要感谢和称赞你的妻子 ◎ 192

打破沉默，夫妻之间也要架起沟通的桥梁 ◎ 196

参考文献 ◎ 199

第1章
良好沟通,从双方释放的第一个善意开始

生活中,不少人在与人沟通中都会有这样的苦恼:沟通中如何破冰呢?如何化解对方的防备之心呢?或许方法有很多种,但前提是我们要传达出自己的真诚和善意,有时候,一个亲切的微笑,能够传递出善意,可以让对方感觉到你的真诚与热情。如此一来,无论他对你有多大的防备心,都会一一化解,进而愿意与你沟通。

你的微笑,是参与社交的通行证

俗话说得好,伸手不打笑脸人。对于别人善意的微笑,我们怎么可能会拒绝呢?卡耐基说,笑容能照亮所有看到它的人,像穿过乌云的太阳,带给人们温暖。行动比言语更具有力量,微笑表示:"我喜欢你,你使我快乐。我很高兴见到你。"的确,笑容是一种令人感觉愉快的面部表情,它可以缩短人与人之间的心理距离,为深入沟通与交往创造温馨和谐的氛围,因此有人把笑容比作人际交往的润滑剂。在笑容中,微笑最自然大方,最真诚友善。世界各民族普遍认同微笑是基本笑容或常规表情。同样,与人沟通时,保持微笑,作用明显。但是要注意你的微笑应发自内心,渗透着自己的情感,表里如一。因为毫无包装或矫饰的微笑才有感染力,才能被视作"参与社交的通行证"。

很多成功人士也都指出,微笑是与人交流的最好方式,也是个人礼仪的最佳体现,特别对销售员而言,微笑尤为重要。我们可以从日常观察中发现,没有谁喜欢看到与之交往的对象愁眉苦脸的样子。因此,你若希望给对方留下一个好印象,就

一定要学会露出受人欢迎的微笑才行。

然而,现实生活中,却有很多人不苟言笑,为此,我们不妨采取以下几点训练方法。

1.对镜微笑训练法

当你闲来无事时,你可以尝试以下这种训练微笑的方法:先坐在镜子前,整理一下自己的衣服,闭上你的眼睛,调整你的呼吸使之匀速。然后开始深呼吸,让你的心静下来,接下来,睁开眼睛,镜子里的你是不是看着清爽了很多?既然如此,那么,笑一笑吧,让你的嘴角微微翘起,舒展你的面部肌肉。如此反复,训练时间长短随意。这是一种最常见并有效的训练方法。

2.经常对周围的人发自内心地微笑

你应该注意的是,微笑并不是简单的面部表情,它应该体现整个人的精神面貌。所以,我们可以在平时多对周围的人发自内心地微笑。这样,就能避免在与他人沟通时僵硬地笑。

3.微笑时要心存友善

只有友好的笑容,才能让他人感受到你的诚意,也才是自然的、能感动他人的。人们常说:"伸手不打笑脸人。"因为微笑是一种力量,它有一种赢得对方欢心的魅力,可以让你产生无穷的亲和力。

其实,微笑本身和个性的内向与外向无关,只要肯去训

练,任何人都能拥有迷人的微笑。

4.你的微笑可以活泼一点

如果你的微笑可以活泼一点的话,将更能表现你的真诚与快乐。当你对别人说"谢谢"的时候,要真心实意,言必由衷。你说的"早安"要让人觉得很舒服,你说的"恭喜你"要发自肺腑,你说"你好吗"时的语气要充满深切的关怀。一旦你的言辞能自然而然地渗入真诚的情感,你就拥有了引人注意的能力。

实际上,微笑是人类与生俱来的本能,然而,可惜的是,这一本能却常常由于各种原因被人们搁浅、关闭甚至遗忘。不笑的原因就挂在嘴边:上班族说是因为太多繁杂重复的例行公事,老板们说是因为企业面临的巨大压力……尤其在陌生的环境里,微笑最容易被我们忽略。

因此,请展现你的微笑吧,当对方看到你真诚、愉快的笑脸时,他们就会体验到一种友好、融洽、和谐的欢乐气氛,并因此而深受感染、乐在其中!

把握好第一印象,留下完美初见

人与人第一次交往中给人留下的印象,在对方的头脑中形

第1章 良好沟通，从双方释放的第一个善意开始

成并占据主导地位，这种效应即为首因效应。首因效应也叫首次效应、优先效应或第一印象效应。首因，是指首次认知客体而在脑中留下的"第一印象"，是在短时间内以片面的资料为依据形成的印象。心理学研究发现，与一个人初次会面，45秒内就能产生第一印象。这一最先的印象对他人的社会知觉产生较强的影响，并且在对方的头脑中形成并占据主导地位。

第一印象很重要是人人皆知的道理，心理学家认为，第一印象主要来自性别、年龄、衣着、姿势、面部表情等"外部特征"。一般情况下，一个人的体态、姿势、谈吐、衣着打扮等都在一定程度上反映出这个人的内在素养和其他个性特征。暴发户不管怎么刻意修饰自己的外表，举手投足之间都不可能有世家子弟的优雅，因为文化的浸染是装不出来的。以貌取人时常发生，身为美国总统的林肯同样有以貌取人的经历。他曾经就因为朋友推荐的一位很有才识的阁员相貌不好而拒绝了人家。林肯的朋友当然很愤怒，他责怪林肯以貌取人，并说，人的容貌是不由自己控制的，自己也没办法对自己的容貌负责。但是林肯却说，一个人过了40岁就应该对自己的容貌负责。虽然林肯以貌取人是不对的，但是从这个例子中我们知道，第一印象是很重要的，是我们绝对不能忽视的。如果相貌不好，就要从别的方面来修饰，就必须提高自己的修养和素质，在与人第一次见面中要充分展现自己的优点，才能掩盖住相貌给你带

来的不利之处。

首因效应在人际交往中起到很重要的作用,我们要学会运用它来给自己加分,在人际交往中把自己漂亮地推销出去,这样即使没有漂亮的外表也能得到别人的好评。首先,微笑是很重要的,不管在什么情况下,你的一脸微笑肯定能给人热情、友善的好印象。你可以不打扮自己,但一定要让自己看上去整洁、干净,因为这样可以给人一种有修养、自爱、严谨的印象。有这两样还不够,你还要让人看上去和蔼可亲,这点必须在谈话和举止方面尽可能地展现给对方。有了这些,不一定会给人留下准确的、好的第一印象,但一定是推销自己的好办法。

李威是一名刚刚毕业的研究生,他要到鸿达公司参加最后一轮应聘,不巧在面试的途中遇到一起车祸,他就协助司机把伤员送到医院,之后却发现自己的衣服上沾了血渍,又赶回家去换衣服,临到应聘时间快要结束时,李威才满头大汗地赶到考场。主考官是鸿达公司的谢经理。谢经理瞟了一眼坐在自己面前的李威,只见他大滴的汗珠子从额头上冒出来,满脸通红,上身一件红格子衬衣,加上满头乱糟糟的头发,给人一种疲疲塌塌的感觉。谢经理仔细地打量了他一阵,疑惑地问道:"你是研究生毕业?"李威很尴尬地点点头回答:"是的。"接着,心存疑虑的谢经理向他提出了几个专业性很强的问题,李威渐渐静下心来,回答得头头是道。最终,谢经理经过再三

第 1 章 良好沟通，从双方释放的第一个善意开始

考虑，决定录用李威。第二天，当李威第一次来上班时，谢经理把李威叫到自己的办公室，对他说："本来，在我第一眼看到你的时候，我就不打算录用你，你知道为什么吗？"李威摇摇头。谢经理接着说："当时你的那副尊容实在让人不敢恭维，满头冒汗、头发散乱、衣着不整，特别是你那件红格子衬衫，更是显得不伦不类的，你给我的第一印象太坏。要不是你后来在回答问题时很出色，你一定会被淘汰。"

李威听罢，这才红着脸说明迟到的原因。谢经理听后点点头说："难得你有助人为乐的好品德。不过，以后与陌生人第一次见面，千万要注意自己给别人的第一印象啊！"

李威的工作很出色，没到半年，就被升为业务主管，深得谢经理的器重。

从以上求职的小故事中，我们可以看到，"第一印象"相当重要。有时候，"第一印象"可以决定一个人的前程甚至命运。

当然，在人际交往中，不能只靠"第一印象"，因为"第一印象"毕竟只是暂时的，要让人和你深层地交往下去你还要具备更多的硬件。在交往中你要强化自己的谈吐、举止、修养、礼节等各方面的素养。第一，一定要注重自己的仪表和风度，因为在任何情况下，人们都喜欢和穿着整洁、举止大方的人接触与交往。第二，在和人谈话时注意自己的言谈要不卑不

亢，要举止优雅，只有这样才能给人留下难忘的印象。如果你只注意"第一印象"，不注意以后的行为修养，只会导致产生另一种效应的负面影响，那就是近因效应。

善于说话，给第一印象加点"言"色

生活之中我们免不了要一次次地和陌生人打交道。很多人在和陌生人第一次见面的时候，心里就会感到紧张和畏惧，面红耳赤不知所言，让本该高兴热烈的场合变得十分冷清和尴尬，这样不仅让人感到扫兴，还会影响到自己在对方心中的形象。

中国有句古话叫作"乐莫乐兮新相知"，每一个朋友都是在陌生中逐渐熟悉的，忠贞不渝、肝胆相照的朋友也多是在陌生中结交的。由陌生到熟悉是需要一个过程的，而这个过程是和说话分不开的。好的口才能够迅速地引起对方的兴趣，拉近彼此间的心理距离，最终成就伟大的友谊。因此，在我们和陌生人见面的时候，除了在服装和仪表方面注意一下之外，还要懂得如何说话，给第一印象加点"言"色，从而为以后的交往打下良好的基础。

《红楼梦》中，林黛玉初到贾府，王熙凤说了一番亲切

而又热烈的话，那话一说出口，哪怕林黛玉下车之前有许多的戒备心理，哪怕她的性格是目下无尘，当时心中也必定一股暖流流过，即便没有太多的感动，至少也不会对这位表嫂产生反感。王熙凤的话不多，但是却传出了很多重要的信息。第一是夸林黛玉长得漂亮。第二则是在传达认同的情感："我们是不会把妹妹当成外人的，这里就是你的家，不用那么客气和生分。"第三又巧妙地赞美了贾母："老祖宗深仁厚泽，对这位素未谋面的外孙女同样有着极深厚的感情。"第四又对贾府的几名小姐进行了一番间接的夸奖，"这通身的气派，竟不像老祖宗的外孙女儿，竟是个嫡亲的孙女儿"，让在座的迎春、探春、熙春听了，觉得能和林黛玉并驾齐驱，从而心里美滋滋的。第五又含蓄地称赞了王、邢两位夫人，夸奖她们教女有方。这位琏二奶奶说话的功夫，确实达到了炉火纯青的地步，难怪能够在尔虞我诈的荣国府中坐稳管家的交椅。

在社交活动中，人们经常会通过一个人的容貌来产生第一印象。容貌所产生的印象是直接的，却并不是最重要的。事实上，优雅的谈吐、得体的语言、漂亮的表达方式往往能让人有一个较高的印象分，他人也会很自然地在心里去赞赏和认可这个人。

面试并不是容貌和仪表上的评审与考试，而是一场语言与

智慧的较量。在面试的过程中，一个人的容貌可能会比别人稍逊一筹，但是通过智慧的语言照样可以为自己加分，轻轻松松就能俘获面试官的心，从而转败为胜。

语言不仅仅是表达信息的手段，还体现了一个人的气质、精神状态和心理特征。特别是和陌生人在一起，美丽的语言所起到的作用是十分重要的，它能够给你的事业以及生活交际方面带来意想不到的收获。

与人沟通，多说善意的话

俗话说："良言一句三冬暖，恶语伤人六月寒。"人际相处与沟通是平常的事，也是一件微妙的事。一张笑脸带着一声问好能带给他人好心情；相反，一句粗话恶语却会破坏人们良好的情绪。坏的情绪和好的情绪都容易传染。良好、自然的环境和融洽的人际关系是大家共同创造出来的，好的环境需要每个人创造和维护。

生活中，我们对那些说话彬彬有礼的人总是充满好感。因为人们总是把"礼貌"与其他一些品质联想在一起，如有修养、真诚等。我们与人交际，就是希望能得到别人的认可，从而达到我们的交际目的。而语言是交际的外衣，我们要想有良

好的沟通效果，就要从语言入手，与人沟通中，要记住"良言一句三冬暖，恶语伤人六月寒"的古训，要多说善意的话，让人产生积极的心理，看到我们的素质和修养，从而对我们另眼看待。

的确，如果在与人沟通中，说话时都能说文明话、礼貌话，少一些失礼的语言，不管对方是熟人还是陌生人，内心多一些善意，多说一些真诚祝福的话，我们的人际关系就会更加和谐，这样的和谐环境对我们的生活、工作都大有帮助。

那么，沟通中，我们该如何说话呢？

1.真诚地说话

人与人沟通，无论是雇主关系还是朋友关系，无论是亲戚还是顾客，相互之间都应真诚相待。只有真诚，才能换取真诚。如果我们只是把"礼貌话"当成一种场面语言，那么就会显得不真诚，即使这场面话说得再好，也不会获得对方的信服。

2.掌握一些礼貌用语

礼貌用语要文明雅致、措辞恳切、热情真挚、口气和蔼、面带微笑，主要有以下几个方面的礼貌用语。

问候的用语：早晨好；您早；晚上好；晚安。

答谢的用语：请多关照；承蒙关照；拜托。

赞赏的用语：太好了；真棒；美极了。

挂念的用语：身体好吗；怎么样；还好吧。

理解的用语：太忙了只能如此；深有同感；所见略同。

征询的用语：你有什么事情；需要我帮您做什么；如果您不介意的话，我可以做……吗。

道歉的用语：对不起；请原谅；实在抱歉；真过意不去；完全是我们的错。

常用的客套话：慢走；留步；劳驾；少陪；失敬；久违；久仰；恭喜。

俗话说："一句话能把人说跳，一句话也能把人说笑。"言语是思想的衣裳，谈吐是行动的羽翼。它可以表现一个人的高雅，也可以表现一个人的粗俗。言谈高雅则行动稳健；说话轻浮则行动草率。也就是说，人际沟通中，如果我们想要接通情感的热线，使交际畅通无阻，就应该得体地说话，让人感到"良言一句三冬暖"，使感情顿时亲切融洽起来。

积极热情，让对方感受到你的真诚

人类之所以是万物之灵，是因为我们有着自觉意识，从而可以客观检讨我们是如何"看待"自己的，同时，我们还有"选择自由"的权利。我们可以选择去交际，当然，也可以选

择回避交际。选择不同，所带来的结果也就完全不同。在人际交往日益密切的今天，一个人想要战胜社交难题，就需要结识许多的朋友，打造出属于自己的人脉网。当然，想要达到这一点，也是需要技巧的，如果能够掌握这些，每一个人都可以广结善缘，建立起良好的人际关系。

时代在飞速发展，人与人之间的交往也日益密切，每天都要面对许多陌生的面孔。如何迅速地打通沟通僵局，与对方拉近距离，由陌生人发展成为熟人，是许多人都在思考的问题。其实，想要做到这一点并不难，只要能够掌握技巧，相信每一个人都可以轻松做到这一点。那么，都有哪些技巧可以帮助我们快速广结朋友？

1.怀抱积极的心态，在人际交往中，主动去结识他人

每一个人都有自己生存的圈子，在这个圈子内，可能你是一个精英型的人物，然而，一旦到交际圈外，可能会感到陌生、别扭，因而，也就有很多人一遇到陌生的面孔就显得过分羞涩、窘迫，甚至躲得远远的。要知道，一个人想要拥有良好的人际关系不是坐等而来的，更多的是需要你能够把握住机会，在社交场上，放松心情，主动去结识每一个人，这样才能为自己争取到更多的机会，也才能与对方相熟起来。

2.社交活动中，要释放你的热情，才能够给对方留下完美印象

要知道,能够主动结识朋友,只是你打开成功交际的第一步,如何能够在接下来的时间内感染对方心灵,才最重要。这里有一个技巧,那就是尽情发挥你的热情,去感染身边的每一个人。也许有人会问,如何去表达自己的热情?其实,热情是一个人发自内心的兴奋,并扩充到整个身体里。人际交往中,一个满腔热情的人,他的兴趣、爱好、为人和性情都能从他的姿势、眼神与活力中体现出来,还可以让周围的人也感受到他对这次见面、谈话发自内心地喜欢。热情还可以感染周围的人,一个充满热情的人,可以让身边的每一个觉得和他在一起很快乐。因而,如果你想要在社交活动中拥有良好的人缘,就尽情释放你的热情吧!

3.人际交往中,想要与他人建立良好的关系,需要用真诚去换得对方的信任

无论何时,每一个人都希望受到他人的真诚相待。要知道,真诚的人往往更容易让人产生信任,同样,在人际交往中,一个真诚的人是值得让人尊重和欣赏的,也更容易博得对方的好感。因而,与他人交往时,不妨把你真诚的一面表现出来。然而,真诚并不是嘴上喊几句口号而已,而是要付诸具体的实践中去。那么,在具体的生活中,要如何去体现自己的真诚呢?

(1)与人交流时,要诚实地表达自己的看法

人与人之间的交流,也是心与心之间的交流,一个人只有真诚地对待别人,才能换来别人的真心相待。因此与人交谈时,要做到真诚。无论对方的观点对与否,都要表示你的尊重之情,如果你和对方的意见不一致的话,也不要隐瞒和矫饰,当然,也不能为了讨好别人而故意附和别人。只有诚实、客观地表达自己的观点才是正确的做法。

(2)待人真诚,还包括及时给予别人帮助

一个人要学会真诚待人,不仅要诚实地表达自己的意见,更要能够在危难时刻,给予对方亲切的安慰与帮助。聪明的人懂得,与其锦上添花,倒不如雪中送炭更能获得别人的信任。因而,做一个真诚的人,就要学会安慰别人、帮助别人。

(3)做一个真诚的人,还要懂得设身处地地替别人着想

人际交往中,要体现你的真诚,就要学会替别人考虑。这就要求我们在说话办事的时候,能够尽量站在别人的立场思考一下,才不会有失公平。当然,也只有这样做,你才不会伤害到别人的利益,自然也会得到别人的认同,从而与其成为真正的朋友。

人与人的交往,贵在心与心的交流与沟通。在社交活动中,如果能够通过"主动""热情""真诚",相信你一定可

以以独特的人格魅力来打动每一个人,从而建立起良好的人际关系。如果你也想要拥有良好的人缘,不妨也试一试这种方法吧!

第2章
找到好的话题,让沟通事半功倍

　　生活和工作中,我们都需要与他人沟通,然而,沟通通常都有一定的目的,沟通中,为什么有的人如鱼得水,而有的人却经常被"冷落"?其中一个重要原因就是话不投机。话不投机,大多数原因在于话题的选择不恰当,选择好话题,才能使我们在沟通中做到侃侃而谈!

选对话题,好的话题是交谈成功的一半

在面对陌生人时,很多人都感到非常难堪,因为面对自己毫无所知的陌生人,他们根本不知道从何处开口,才能与对方顺利展开交流。实际上,好的话题是交谈成功的一半,这句话确实很有道理。一个让人不愉快的开始,总是很难有圆满的结果。

其实我们只要细心观察就会发现,生活中那些人缘很好的人,往往都是很善于交谈的。他们总是能够准确把握别人感兴趣的谈话方向,因而做到有的放矢地把话说到他人心里去。即便是面对第一次见面的陌生人,他们也能够像对待熟悉的老朋友一样,与他们友好地交流。不得不说,这样的人在人际交往方面有独特的天赋。不过,没有这种能力的朋友也完全无须担心,因为这种"自来熟"的能力是完全可以培养的。举个最简单的例子而言,假如我们能够在与他人交往之前找到适宜的话题,那么交谈一定会进展顺利。此外,假如我们心里提前就预备好了针对各种人的话题,那么交谈也会信手拈来。当然,要想做到这一切都离不开细心。一个人面对生活的时候,唯有心

细如发,多多观察和积累,才能得到更多的收获。

作为刚刚大学毕业的销售员,杜鹃在进入公司不到3个月的时间里,销售业绩就得到突飞猛进的提升。这到底是为什么呢?原来,杜鹃虽然年纪不大,工作经验也很少,但是她尤其擅长与人交流,而且总是能够在最短的时间内找到最合适的话题。这不,前段时间杜鹃去拜访一位陌生的客户,推销本公司生产的产品。之前,她接连好几次被这个客户拒之门外,这次好不容易得到机会与客户见面,刚刚走入客户的办公室,她就心明眼亮地进行了迅速的观察。

墙壁上挂着一幅关于沙漠的照片,玻璃柜里还展览着一个看起来很吓人的骆驼头。见此情形,杜鹃为了和客户消除隔阂感,开始交谈时,说:"王先生,您去过撒哈拉大沙漠吗?"王先生非常惊讶地问:"怎么,你也去过?"杜鹃笑着说:"那可是我梦想的地方啊,不过我还没有机会去呢,得先挣够路费。"王先生说:"其实也花不了多少钱。我是去年去的,沙漠的确非常壮观,当真正站在大沙漠里时,身心都会受到震撼。"杜鹃又说:"难怪您的气质与众不同,很大气,一看就是有大格局的人,这是因为你心宽地自远啊!自从在三毛笔下了解撒哈拉之后,我也非常关注撒哈拉,做梦都想去。您这个骆驼的头,是深入沙漠腹地才找到的吧!""当然。当时天气恶劣,很多人劝我不要执意去沙漠腹地,但是我想,既然

来到了撒哈拉,不进入沙漠腹地怎么可能呢!那也太遗憾了,就像一个人到了北京,没去爬长城一样!""的确,的确,不过沙漠腹地很危险,您真是勇敢!""嗨,我们当时一行六个人……"就这样,王先生对着杜鹃侃侃而谈,根本忘记杜鹃是个"讨厌"的推销员,而把杜鹃当成一个普通的朋友。在这次对于沙漠的深入交谈之后,王先生再也不排斥和反感杜鹃了,因为杜鹃每次见面都会问他很多关于沙漠的问题,这恰恰打开了王先生的话匣子。

在这个事例中,如果杜鹃急功近利,一定会招致王先生反感。幸好,杜鹃非常聪明,她从没有死缠烂打地缠着王先生说些和推销工作有关的事情,而是在火眼金睛地发掘出王先生的兴趣爱好后,以沙漠作为突破口,成功打开王先生的心扉。这也是生意场上的很多人,在请客户喝酒聊天的时候,绝口不提生意上的事情的原因。其实,对于两个相对陌生的人而言,只要把话聊透了,还有什么是不可解决的难题呢!情分到了,很多事情都会水到渠成。

很多人在现实生活中都害怕与陌生人交流,也不愿意与那些相对熟悉的人交流,就是因为缺少话题。只要我们找到对的话题,找到彼此畅谈的感觉,交流就会变得水到渠成。记住,好的开始才有完美的结局,也能让我们在与他人顺畅的沟通中,得到更多的宝贵信息。

努力用心，说出漂亮的第一句话

想要成功地和一个陌生人搭讪，并且使交谈和谐融洽地进展下去，仅仅主动热情还是不够的。现代社会，人们彼此之间戒心很重，太过热情的陌生人很容易让人避而远之。由此一来，和陌生人搭讪的难度越来越大。不过，如果你曾经看到过小区广场中宝妈们在一起聊天的情形，就不会认为人们互相防备了。即便只是第一次见面的宝妈们，也会马上熟稔得像是认识十几年一样。尤其是当说起哪个牌子的尿不湿好用、哪个品牌的辅食最健康、哪个品牌的衣服最时尚而且安全环保以及关于喂养中的诸多难题时，她们简直就像是找到革命队伍一样兴奋，每个人都争先恐后，恨不得把自己所知道的那些从实践中摸索出来的经验和盘托出。这是为什么呢？其实原因很简单，她们有着共同的语言，而且搭讪时说出的第一句话就能牢牢地抓住对方的心。例如，宝妈看到另外一个宝妈，会说："你家孩子多大了？看起来个子好高啊！"哪个妈妈不喜欢自己的宝宝长得又高又壮，人见人爱呢！因此，被搭讪的宝妈马上会做出回应："两岁半了，他个子是挺高的，好多人都以为他三岁了呢！你家的呢，几岁了？"这样交流之后，两位宝妈接下来的沟通全无障碍。

从宝妈们成功搭讪的经验，我们不难看出，成功搭讪的

重要一点就是第一句话就俘获人心。只要第一句话说得成功,接下来的交流就会水到渠成,毫无障碍。而且,第一句话能否深入人心,还决定着人们日后交往的深度。不得不说,第一句话和你给人的第一印象一样,至关重要。也许朋友们会说,我是男孩,而且还没有结婚生宝宝呢!请大家少安勿躁,宝宝的话题只是宝妈们在一起交流的最好媒介,并非面对所有人都要聊宝宝啊!每个人关心的兴趣点不同,当你想要一句话就打动他人时,首先要做的就是观察和了解他人。假如你面对的人是教师,你可以说:"您的气质看起来就是为人师表的,非常高雅,而且很面善,给人的感觉特别舒服和亲切。"再如,你面对的是医生,可以问:"您好,请问您是医生吗?看起来就非常严谨沉稳的样子,您是外科医生吗?"这样的搭讪,大多数都能得到对方友好的回应。如果是面对小朋友,那就更好说啦,可以说说小朋友当下最喜欢的动画片、电影、玩具等;如果面对的是老人,就可以说说养生、长寿等方面的话题……只要有心,你总能找到合适的话题和眼前的人搭讪,第一句话就给对方留下很好的印象。

朱朱刚到一家公司工作,还是个什么都不懂的菜鸟。她紧张地坐在座位上,看着那些忙忙碌碌的同事,有些无所适从。后来,领导给了她一份报表,让她先学着打打电话。朱朱有些不清楚打电话的注意事项,便问坐在前排的一个同事:"您

好,您看起来非常精明强干,您是负责销售的吗?"这位同事笑着点点头。朱朱接着问:"您真是太厉害了,我觉得做销售的人都特别聪明,能力很强。是这样的,领导刚刚给我一份报表,让我先学着打电话。我不太清楚注意事项,所以想请教您……"这个同事马上放下手里的工作,开始给朱朱详细地讲解。

虽然只是一件小事,但是从中不难看出朱朱的语言技巧。她在第一句话中就夸赞了前排的同事,并且把对方视为自己的前辈。如此一来,这位同事怎么能不答应她的请求呢?!很多职场人士都知道,现代职场上,同事之间的情谊并没有那么深厚,尤其是有激烈竞争关系的同事,彼此之间钩心斗角也是常有的。大多数人都抱着事不关己高高挂起的态度,宁愿少一事。这样一来,新人进入公司的处境往往很艰难。不过,相信朱朱经过这次请教之后,一定会和前排的同事形成良好的关系,这样新入职的尴尬也就减弱了很多。毕竟,她的好多问题都可以向前排同事请教,也可以顺利地进行过渡。

第一句话,就像是小学生写作文的开篇一样,或者是文学作品的开头,一定要充满吸引力。这样,人们才能有耐心继续与你交流,你也能从中得到自己想要的信息。如果实在找不到共同点,甚至可以问问对方是哪里人,攀上半个老乡也是对交往有利的。与此相反,如果第一句话就说得对方勃然大怒,那

么你们的交往就很有可能马上中断。毕竟,没有人愿意给自己平白无故地添堵。由此可见,说好第一句话是多么重要。从现在开始,就努力用心,让自己的第一句话说得越来越漂亮吧!

孩子,永远能带动为人父母者的话题

有过带孩子经历的父母,对于搭讪最有发言权。因为对那些同样带孩子的父母,简直连搭讪都不用,马上就会因为孩子亲如一家。最熟悉的场景是,在广场上,原本素不相识的妈妈们各自带着孩子玩耍,很快,孩子们就变成了小团队,彼此间熟悉起来。妈妈们呢,站在一旁互不相干地看着孩子,等到有个妈妈对另一个妈妈说:"你家孩子几岁了?"另外那个妈妈马上就会回答:"5岁。"接下来,根本无须费心想话题,包括站在不远处的其他妈妈,都会加入聊天的大队伍,你一言我一语,争先恐后地说起来。这就是为人母的本性:为了孩子,总是愿意了解更多,分享更多的育儿经验。

即便不是在广场上,只要是与带着孩子的成人搭讪,孩子都是最好的沟通桥梁。对于那些友善地对待自己孩子的人,父母总是心怀信任和感激。例如,你走在商场里想要推销一件东西,但是又不知道如何开口。这时,你看到一个妈妈牵着一个

漂亮的女孩走过来,你可以说:"哎哟,这个小姑娘真漂亮,长得和洋娃娃似的。"这时,妈妈一定会友好地对你笑一笑。即便她很反感你接下来的推销,也不会态度恶劣地拒绝你,而是有礼貌地表示拒绝。对于一个赞美她孩子的人,妈妈怎么好意思毫不客气地拒绝呢?如果不是为了推销,那么你们在时间充裕的情况下完全可以再聊一聊,而且话题只要围绕孩子展开,气氛还会非常融洽呢!

豆妈带着豆豆参加麦当劳的六一儿童节活动,与一个眼睛大大的小男孩同坐一桌。刚开始时,豆妈和男孩妈妈都很矜持,谁也没有主动搭讪。然而,豆妈觉得同坐一张桌子面对面地不说话很难堪,因而开口说道:"这孩子眼睛可真大呀!"男孩妈妈马上笑着说:"是呢,人家都说要是女孩多好,这大眼睛,还有些小朋友都叫他大眼萌。""哈哈,大眼萌,的确很形象。眼睛大大的,圆圆的脸蛋,非常可爱,萌萌的。"听了豆妈的夸奖,男孩妈妈更开心了,问:"你家孩子多大了?皮肤真白啊!"豆妈谦虚地说:"已经10岁了,是挺白的。呵呵。家里的妹妹很黑,没他白。"就这样,男孩妈妈听说还有妹妹,她们就针对二孩问题又展开交流。如此一来二往,整个活动下来两小时,豆妈和男孩妈妈一直在愉快地交流着,非常开心。活动结束后,豆妈和男孩妈妈还互留了电话,这才发现彼此拥有同一个朋友呢!

因为孩子，全天下的父母都拥有了共同的话题。尤其是那些孩子年纪相仿的父母，则更是一见如故，有着说不完的知心话，全都是辛苦积累的育儿经验，在一起分享时能够彼此帮助。不管在什么场合，想要与一个带孩子的人搭讪的最好方式，就是从孩子入手。这样一来，父母就会放下戒备心，而且也会对你更加友善。

对于父母而言，即使夸赞他们一千句，也不如真心诚意地夸赞孩子一句，更能让他们高兴。因而，当你对孩子不吝啬赞美时，你也就成功赢得了父母的心。

每个孩子一定都有自己的优点，如果你实在找不出孩子的优点，也可以说孩子很强壮，或者很可爱，或者很精灵古怪。但是，千万不要睁着眼睛说瞎话，例如，孩子明明很瘦，你却夸他强壮，孩子明明很黑，你却夸他很白，更不要夸一个长得丑的孩子很漂亮。即使只作为聊天的辅助来夸奖孩子，也应该是真心诚意的、发自内心的。否则，孩子的父母一旦感受到你别有用心，就很难再信任你了。

从热门话题谈起，迅速炒热气氛

不可否认，与陌生人交流的确是难度很大的事情，因为

我们根本不了解对方的兴趣爱好,也不知道对方的脾气秉性,很有可能一句话说不好,就会导致对方怒火中烧,由此对我们形成恶劣的印象。假如对方是关键人物,甚至还有可能因此使我们错失良机。不得不说,选好话题至关重要。其实,要想避免这些糟糕的事情发生,有一个非常好的办法,那就是不要说涉及他人隐私的事情。或许有朋友会问,不说他,不说我,还有什么好说的呢?现代社会,信息传递的速度如此之快,不说他,不说你,也有很多可以说的话题。

以前,中国人见面喜欢问:"吃了吗?"这几乎成了老百姓的口头禅,主要是因为在艰难的岁月里,人们最关心的事情就是填饱肚皮。现代社会,见面再问"吃了吗",显然不合时宜。归根结底,我们的生活中已经不再仅仅只是温饱问题。物质极大丰富,经济全速发展,每个人的生活水平都越来越高,除了吃喝拉撒,人们有了更多的休闲娱乐,也有了更为远大的追求。尤其是当下借助网络,信息的传递速度非常快,只要有网络的地方,几乎足不出户就可以知道全世界发生的世界,这简直是一个疯狂而又神奇的时代。那么,你还发愁找不到话题与人交流吗?

韩国电视剧《来自星星的你》热播时,很多人每天晚上坚持追剧,次日去到工作单位,依然意犹未尽地和同事交流剧情。其实,这样的交谈不仅可以在熟悉的人中进行,相信如果

你和朋友站在大街上讨论剧情,甚至会有人主动加入讨论呢!从一部电视剧,再到国际国内发生的各种大事,再到柴米油盐酱醋茶,甚至是葱姜蒜的价格,都可以作为与人交流的话题。这些话题,使你与他人瞬间各抒己见、畅谈甚欢,同时也避免了你与他人交谈时不小心踩到"地雷",导致交谈不欢而散。可以说,当你们双方都对某个热门话题感兴趣时,那个热门话题就是最恰到好处的话题。

作为一名保险推销员,在为马航失联的那些人祈祷时,鹏宇着实卖出去很多份保险。对于那些此前一直维护着但是始终很难成交的客户,鹏宇借助马航失联的热点新闻,给他们全都好好地上了一课。

这不,鹏宇去拜访一位有钱的客户。这位客户一直都不太相信保险,因而对鹏宇不冷不热的。看到鹏宇又来了,这位客户耷拉着脸,显得毫不热情。鹏宇对此不以为然,坐在客户对面的椅子上,感慨地说:"张总,人生真是无常啊!这几天,你听说马航失联的消息了吗?"听到这个热点新闻,张总马上接口道:"是啊,意外真是不期而至,那么多活生生的人命啊,就这样消失了。"鹏宇又说:"是呢!失去亲人的人整夜整夜地不睡觉,等待着新的消息,然而一切都太晚了。听说,还有个客户是个中年人,上有老,下有小呢,这可让家里人怎么活下去啊!"张总表示认可地点点头,说:"的确,人到中年肩负着重要的责任，突然撒手人寰，这是家人最难以面对的。"鹏宇接着说："不过，还有一点值得欣慰。这个人曾经因为自觉出差频繁，因而给自己买了保险。虽然如今他生死不明，但是如果尘埃落定，他的家人就能得到一笔很大的赔偿金。虽然金钱不能代替人，也无法化解活着的亲人们心中的痛苦，但是金钱至少可以保障他的妻儿父母衣食无忧，也算是对他在天之灵的告慰。"

就这样，鹏宇和张总针对马航失联的事情，讨论到保险对于人生的保障作用，顺理成章地向张总推销他所代理的保险，也使得张总切实意识到"平时注入一滴水，难时拥有太平洋"的真谛。

在这个事例中，鹏宇从马航失联事件开始，与张总展开交谈。尤其是当鹏宇说到一个中年人突然失联之后给家庭带来的灭顶之灾，让同样人到中年的张总更多地为家人考虑。毕竟，天灾人祸根本没有预兆，谁也不可能预知死亡的到来。张总由人及己，联想到如果自己发生这样的事情，家人必然遭遇无法生存的困境，最终出于为家人考虑，主动购买保险，作为给家人的保障。

当然，就热点话题与他人沟通时，一定不要太突兀，最好从自己对热点话题的看法和观点出发，还要注意表达的想法不能偏激。当看到对方与我们一样非常关心热点话题时，为了避免言多必失，我们首先应该更多地引导对方表达自己的态度和观点，这样才能做到多多聆听、多多观察，从而使接下来的交谈更加有的放矢。当然，对于众人皆知的热点话题，还要注意保持端正的态度，否则就会因为态度问题遭到他人的唾弃。例如，事例中的鹏宇在劝说张总购买保险时，如果不是那么悲痛，也不是那么思虑周全，而是说"要是那些人都买了保险，家人就能发大财啦"，这样一定会马上就被张总赶走，也就无法顺理成章地说服张总。

谈大家都能聊的话题，更易带动聊天气氛

社交场合，人们都希望交谈能在轻松、和谐的氛围中进行。而是否能达到良好的交谈效果，直接取决于交际场合大家交谈话题的合适与否。因为从心理学的角度看，人们对于那些与自己有共同话题和兴趣的人更容易产生交流的欲望，也更愿意与之结交。因此，恰当、有趣的话题能使大家循着交谈的轨迹逐步加深感情，从而建立友谊。如果运气好，你与陌生人的偶遇还可能发展成为终身不渝的友谊。仔细想来，我们哪个朋友原来不是陌生人呢？可见，话题在应酬中的重要性。

在印度有个叫贝尔纳·拉迪埃的销售员，他不同于一般的

销售员，他的工作是推销空中客车飞机，当他被推荐到空中客车公司时，面临的第一项挑战就是向印度销售飞机。

这是一件棘手的任务，因为这笔交易已由印度政府初审，且未被批准，能否重新寻找到合作的机会全看销售代表的谈判本领了。作为销售代表，拉迪埃深知肩上的重任。他稍作准备就立即飞往新德里。接待他的是印度航空公司的主席拉尔少将。拉迪埃到印度后，见到他的谈判对手后说的第一句话是："正因为你，使我有机会在我生日这一天又回到了我的出生地，谢谢你！"

贝尔纳·拉迪埃的这句开场白是别开生面的，这个话题的选定，迅速拉近了与谈判对手的距离。这句话，虽然只有短短的几十个字，但是却蕴含着丰富的内容。它表达了好几层意思：感谢主人慷慨赐予的机会，让他在自己生日这个值得纪念的日子来到贵国，而且贵国是他的出生地。实际证明，拉迪埃的印度之行取得了成功。拉迪埃靠着娴熟的销售技巧，为空中客车公司创下了辉煌的业绩：仅在1979年，他就创纪录地销售出230架飞机，价值420亿法郎。这当中，应该说也少不了他善于"拉拢人心"的功劳。

人与人交谈，都是围绕着一个话题展开的，我们只有积极主动选择一个双方都感兴趣的话题，交谈才得以在一个轻松、愉快的氛围中进行。一般来讲，人们在交谈中，多选择以下几个话题。

1.天气

天气是每个人都关心的问题，因为它事关每个人每天的生活。因此，若天气不好，不妨交换一下彼此的苦恼："今天这天儿，我都穿得跟个企鹅似的。""这鬼天气，我浑身上下都要起火了。"天气很好，不妨同声赞美："今儿天气不错啊，心情也跟着好起来了。"如果某地遇到暴雨或者干旱等天气异常情况，也可以拿出来谈谈，因为那是人人都关心的话题。

2.坦白自己的感受

例如，你参加了一个周围没有一个熟人的聚会，与其你自己在角落里一个人嘀咕"我太害羞了，与这种聚会格格不入"，还不如直接告诉坐在你身边的陌生人，或许对方也正有此感受。

3.自己闹过的有些无伤大雅的笑话

例如，你可以拿买东西被骗、语言上的失误等此类的笑话来和对方分享一下。因为这些生活中的趣事，人们一般都爱听，在你谈论此类趣事时，可能对方也遇到过，你们之间就找到了共同的话题。另外，拿自己开涮，更体现出你的随和、平易近人。

比如，一位太太对一个陌生的女士说："你长得真好看。"也许，我们大多数人都没有说这种话的勇气，不过我们可以说:"我远远就看见你进来,我想……"或是"你正在看的那本书也是我最喜欢的"。如此,双方就能找到共同话题进行交谈了。

4.以轰动一时的社会新闻为话题

生活中,我们每个人都会对近期发生的一些新闻进行谈论,这也是闲谈的资料。若你能就此发表自己的意见和看法,那就足以把一批听众吸引在你的周围。

5.家庭问题

关于每个家庭里需要知道的各方面的知识,如家庭教育、购物经验、夫妇之间怎样相处、亲友之间的交际应酬、房屋布置等问题,也会使大多数人产生兴趣,家庭主妇尤其关心这类问题。

当然,我们也应当避免问一些令人扫兴的话题。在初次交往中,彼此都有一定的意图,所以纯属个人生活的事情不要多谈,可能没有人愿意听你高谈阔论,比如狗、孩子、食物和菜谱、自己的健康、高尔夫球,以及家庭纠纷之类的事。但可以对时下人们所共知的社会现象、热点问题等谈谈看法。

人们更愿意与人交流自己感兴趣的话题,对于那些在社交场合能兼顾大家感受而寻找共同话题的人也更容易产生好感。因此,如果你善于选择大家都能聊的话题,相信你会很快与他们建立起稳固的友谊。

第3章
沟通之前先观察，看清人心好说话

想必我们大部分人都知道，要想在沟通中说对话，要想成功打动别人，就要准确把握别人的心思。这就需要我们掌握一定的心理透视技巧。事实上，一个人的表情、动作、言谈举止都可以成为我们透视他人心理的窗户。掌握这些，我们就能够先了解他人的想法，使彼此的沟通更加顺畅。

快速读懂人心，让社交有的放矢

了解一个人，不是看他的外表，而是看他的内心，要深刻地认识这个人的性格、人品等是怎样的，这样你才能更为轻松地交往。其实别人想了解我们的内心也不是一件容易的事。因为我们都会伪装、会撒谎，讲的话言不由衷。我国有句老话叫作"画虎画皮难画骨，知人知面不知心"，讲的就是识人这个很伤脑筋的问题。

艾琳是一名销售人员，一直以来她都能很好地把握客户的心理，她的销售业绩在公司里也是数一数二的。一次，艾琳到郊区的村落去推销电器，看到一所很漂亮的房子，四处都是唯美的田园风光，于是艾琳就敲了敲门。开门的是一位五十多岁的农妇，她从艾琳的外貌和打扮上看出这是一位上门推销电器的销售员，于是农妇什么也没说就猛地把门关上了。

艾琳没有放弃，她再一次敲门，这次，门只打开了一条小缝。艾琳着急地向这位农妇解释："阿姨，很抱歉，打扰您了。我并不是来推销家电的，我是路过跟您打听点事情的。"

农妇就问："什么事情？"

"阿姨，其实我想跟您买些鸡蛋。"

农妇的脸色马上就和缓了下来。她把门打开了一点，把头探出来，用怀疑的目光看着艾琳。

艾琳说："刚刚看到您的房子非常的喜欢，您院落里的景色非常迷人，所以我就被吸引住了，后来我看到您院子里养了好多鸡，所以想买一些鸡蛋。"艾琳充满诚意地说："商场卖的鸡蛋好多都是饲养的鸡下的，我妹妹刚刚生完孩子，我想买点这种散养的鸡下的营养丰富的鸡蛋给她。"

听了这些话，农妇的戒心立刻消失得无影无踪，就从门里走了出来。而且，她的态度也温和了很多，和艾琳聊起了关于鸡蛋的事。

又过一会儿，艾琳忽然看到农妇的院子里有一个猪圈，就指着那猪圈说："您丈夫还养了好多猪吗？一定能赚不少钱吧？"

农妇一听就有点儿不高兴，马上又沉下脸来。艾琳一看，大事不好，立即接着说："不过，我敢打赌，您养的鸡肯定比您丈夫养的猪赚钱多。"

农妇脸上立刻露出自豪的笑容，简直就快把艾琳当知己了。因为长期以来，她丈夫就不承认这个事实。随后，她高兴地带着艾琳去参观鸡舍。

艾琳看到农妇的神情，就知道自己可以直奔主题了。于是，她一边参观，一边夸奖农妇的鸡棚和养鸡经验，貌似不经意地说："您的鸡舍，如果能用电灯照射，那鸡蛋的产量肯定会增加。"

此时，农妇对艾琳已经不那么反感，就问她用电灯是否合算。艾琳乘机大肆夸赞了一番用电灯的好处，给了农妇一个圆满的回答。

一周之后，艾琳在公司收到了农妇的电灯订货单。

想要在社交中处于有利地位，你必须学会读懂对方的心理，这可是一门技术活。艾琳的成功源于何处，相信大家已经明了，她非常善于察言观色，读懂对方的心理活动，然后有针对性地进行交谈。艾琳在言谈中促使农妇的态度一点点地发生变化，并最终实现了自己的目的。

人生如棋，人际交往中处处存在着博弈。谁能够有效地掌控人心，谁就是人际交往中的大赢家。那么，如何才能够掌控对方的心思、操纵局面？最有效的办法就是快速地读懂人心，只有读懂人心才能掌控人心。

1.识别他人的面部表情

人的面部是非常微妙的，许多内心活动都可以在上面显现出来。所以说，想要更好地看懂对方，你一定要懂得识别对方面部的情绪变化，所谓"相由心生"，一个善于观察他人面部表情的人一定能循着线路走入对方的内心。

2.换一个角度，看看对方怎么想

为了更好地明了对方的内心，我们更应该走出自我，变换角度，读懂人心。当我们站在对方角度思考问题的时候，我们就会明了如果自己是对方，自己会怎样想，这样我们就能更好地读懂对方的心思，让自己的头脑更清晰。

3.语言是心底的声音

"言为心声"这话是有一定道理的，从某种意义上说，说话是一个人自我的一种表现。人们可以在谈话中表达自己的思想感情，发表对事物的观点和看法。语言是人心底的声音，没有语言作为工具，思想及情感就表现不出来。所以，从对方的语言着手了解其心思也是一种很好的方式。

人是一个矛盾的综合体。人们的喜怒哀乐，远非自身所表现出来的那么简单。欢笑并不一定代表高兴，流泪并不一定代表伤心，鞠躬并不一定代表感谢，拍手并不一定代表赞赏……要想与他人建立亲善关系，必须善于揣摩他人的心理。只有懂得了他人的心思，你才能更好地进行人际交往。

察言观色，才能更好地了解他人

人的感情非常丰富，在生活中常常会因为各种各样的事情产生情绪的波动。倘若一个人的内心波涛汹涌，则他的表情一定会有改变。也许有人会说自己是属于喜怒不形于色的。然而，心理学家已经研究证实，内心的情绪必然会产生外在的表现，这是因为情绪和思维不同。思维可以纯粹保留在脑海中，而表面上看不出丝毫痕迹。情绪则不然，情绪除了调动神经系统之外，也一定会在表情上有所表现。

人的面部有那么多纤细的肌肉，这些肌肉在情绪的刺激下会产生各种微妙的运动。因此，如果你想了解一个人内心深处的真实想法，首先应该观察他们细微的表情变化。当然，人的表情有很多种，有一些表情是很容易就能读懂的。例如，皱眉代表发愁，噘嘴代表撒娇、嗔怪，嘴角上扬代表高兴等。这些表情，在我们的日常生活中很常见，能够很好地表达情绪。由此看来，只要成为有心人，多多了解这些感情的含义，我们就能很好地体察他人的情绪、洞悉他人的内心，也就能在交谈中更好地了解对方的心思，做到体贴入微。一旦你具备这样的本领，就能在人际交往中更好地了解他人，也能在交谈中避开对方的禁区，以最好的方式交流和沟通。

有个婆婆特别会和儿媳妇相处，即使说些为难的话，也总能说到儿媳妇心里去，让儿媳妇欢乐开怀。当然，这个婆婆还特别细心，在和儿媳妇相处时善于察言观色，从来不说让儿媳妇生气的话。这样一来，作为世界难题的婆媳关系迎刃而解，全家都非常和睦。

前段时间,儿子考上了美国的大学攻读博士,儿媳妇也一起随行,方便照顾。眼看着儿子媳妇已经去美国半年,念子心切的婆婆买了机票,也飞抵美国。看到半年未见的儿子媳妇,婆婆惊呼:"哎呀,儿子啊,你长胖啦,妈妈还总担心你在美国吃不好呢!"她又看看媳妇,发现媳妇噘着嘴巴站在旁边,因而马上责怪儿子:"你这家伙,自己长得这么胖,怎么把媳妇饿瘦了呢!你看看思思瘦的,真让人心疼。"听到婆婆的话,媳妇一时感动,居然向婆婆大诉苦水。她告诉婆婆:"嘉豪特别懒惰,什么家务都不会做。他每天除了做学问,'三饱一倒',什么心都不操。我一边上学,一边做家务,还得满世界买食材,做他喜欢吃的东西。"年轻的媳妇不知道,再开明的婆婆也不喜欢听儿媳妇对儿子的抱怨。为此,婆婆笑着说:"是啊,我养的儿子我知道。不过,他可是做对了一件事情,仅这件事情就够他享福一辈子的啦。"媳妇纳闷地问:"什么事呢?"婆婆用赞许的眼光看着媳妇,说:"就是娶了你这个能干的巧媳妇啊!"听到婆婆的话,媳妇开心地笑起来,似乎多少操劳和辛苦都马上烟消云散。

亨利最近工作特别忙,几乎每天都要加班到深夜。好不容易才请下来婚假,他赶紧和未婚妻举办了简单的婚礼。然而,婚假一结束,他马上又投入工作,变回拼命三郎。新婚的妻子每天晚上都等他等到睡着，又不忍心责备丈夫，因而一直默默忍耐。这样的日子过了3个月之久，亨利甚至把妻子的生日都忘记了。新婚妻子实在忍不住，这天晚上一直没有睡觉，而是气鼓鼓地坐在客厅的沙发上，等着亨利回家。

亨利回家之后，看到妻子面色凝重地坐在那里，心里暗暗想办法。妻子不耐烦地说："你加班到这么晚，就没有必要回这个旅馆睡觉了吧。我觉得你完全可以睡在办公室里，反正你也没有家。"亨利听出妻子话里有话，便好声好气地说："最近的确很忙，让你受委屈了。"妻子噘着嘴，似乎要哭出来，说："我可不是怕自己受委屈，你也知道现在过劳死的年轻人越来越多，我是担心你的身体。难道你天天加班就不累吗？！"亨利赶紧陪着笑脸对妻子说："我当然很累，恨不得一头扎到床上睡过去。不过，我一想起你，就浑身充满了干劲。你知道吗，加班的日子简直太难熬了，你就是我唯一的支撑。"听到亨利的话，妻子原本紧绷的脸瞬间笑开了花。

在第一个事例中，因为察言观色，婆婆及时地掌握了媳妇的心理动态，所以才能体察媳妇的内心。因此，她在因为儿子长胖而高兴的同时，也能照顾到媳妇的情绪，及时为媳妇进行情绪疏导，还非常慷慨地夸奖了媳妇。如果世界上的每个婆婆都这么开明，也这么会说话，那么婆媳矛盾也就不复存在了。在第二个事例中，夫妻关系的相处其实和所有人际关系一样，也会因为各种各样的生活琐事发生争吵。一旦一方对另外一方产生意见，千万不要因此而吵闹。亨利无疑是个聪明的丈夫，他了解女人的心理，也观察入微，体察到了妻子当时的情绪。因此，他非但没有因为深夜回家遭到妻子埋怨而生气，反而说妻子是自己加班唯一的支撑。这样一来，妻子知道自己在亨利心目中的地位，不由得转怒为喜。这就是幽默的神奇魔力。它不但能够浇灭人们心头的怒火，还能把快乐带给人们。

不要只凭第一印象去处理人际关系

很多时候，大家总是特别在意第一印象，一旦对某个人的认识形成，就会或多或少地影响后来对这个人的看法。但是，第一印象并不是绝对的，并不代表一个人的真正面目，仅凭第一印象看人是非常片面的。第一印象所依据的只是一些表面现象和材料，但事实上这些现象和材料并不能真实地反映一个人的本质。因此只凭第一印象去处理人际关系，在多数情况下是会出差错的。

章小亚第一天来这家公司上班，她刚一走进办公室，就对主任王铭颇有好感。王铭主任有干脆利落的工作作风、风度翩翩的仪表，尤其是对章小亚十分热情。当他抬头打量章小亚时，便喊道："嗨，姑娘，你好，请坐。"随后带着小亚熟悉了公司的各个部门,还重点介绍了他所在部门的情况。章小亚对此感恩不尽,认为王铭是个讲义气的朋友,而他们部门的设计师韩毅则脸色阴沉沉的,手里还正忙着设计,只是抬头看了小亚一眼,连声招呼也没打。章小亚在心里给韩毅下的定义是"死板、冷漠,肯定是个冷血动物"。

此后,章小亚碰上事,就以此为"尺度"进行衡量。对于王铭的事,小亚总是尽心尽力,而对于韩毅,当然就是爱搭不理。

转眼到了年底,各项评选开始了,章小亚平时工作很努力,也帮助公司签下了几个重要客户,按理说,年终评选的先进个人应该就是她。可是没想到,结果出来后,王铭榜上有名,而章小亚却被总经理找去谈话,还怀疑她是不是利用公司资源做私事。章小亚十分不解。

后来,章小亚与总经理开诚布公地谈了谈,并请求经理去向同事了解情况。没想到,帮小亚说公道话,为她挽回损失和名誉的,竟然是设计师韩毅。而且,章小亚了解到,向总经理打小报告说自己利用公司资源做私事的,正是自己平时最信任的王铭。要不是韩毅帮小亚揭穿了王铭的诡计,也许章小亚就要蒙受这个不白之冤了。章小亚现在真是追悔莫及,后悔自己不应该先入为主,仅凭第一印象就对王铭死心塌地地信任,以前为了王铭这么卖命,却忽视了韩毅这个真正的朋友。

在生活中,第一印象一旦形成,就等于给被观察对象,即人和事物贴上了一个标签，这时，我们就难免会形成一种偏见，尚未开始就已固执地下好结论、定好位，第一眼的喜好，通常决定了一个人或一件事的发展方向和心理倾向。这种偏见并不见得完全正确。

心理学家认为，第一印象是比较真实而持久的反映。但是，它并不能作为评判一个人好与坏的结论。因为在形成对他人的正确印象方面，它存在很多显而易见的局限性。那么，在生活中我们应该怎样才能准确、全面地看一个人呢？

1.保持积极健康的心态

首要的就是自己要有良好的心态，擦亮自己的眼睛，看清对方的意图，不要失去自己的立场，保持客观的眼光及客观待人的做事方法。不要总是因为某人做过一件事或者第一印象不讨你喜欢就把这个人一票否决。

2.看他待人的品行如何

看一个人怎样对待别人，就知他的基本品行。若想真正全面认识一个人，就要留心观察他是怎样对待别人的。人在得意的时候，特别爱诉说他与别人在一起交往的情景，他说的时候是无意的，你听其倾诉是有心的，对方可能毫无防备，你正好得到识人的重要资料。

3.多增加一些社会经验

想让自己不再被第一印象所迷惑，想让自己看人处事的能力更为全面、真实，我们需要做的就是不断增加自己的社会经验。看人的本领是从千万次的经历当中磨炼出来的，是人生经历的凝结。所以人应当丰富自己的阅历，多经历一些事情，就能够分辨真假丑恶，也就能够对好人和坏人有所区分。

所以，识别他人、甄别事物，不能被第一印象蒙蔽而求全责备，抛去第一印象的枷锁，摘下有色眼镜，用你自己的眼睛理性地看人、看事，才能正确审度一切。所以说，要想让你的生活不留遗憾，你还需要多多观察、多多思考，做一个思想全面的人。

看清一个人的性格，在社交生活中尤为重要

我们知道，人是这个世界上最具智慧的一种动物，作为人类，我们能解决很多神秘的问题，并能发挥其最大作用，可是，回过头来我们想想，世界上最难理解的问题是什么，有人得出的答案是：人。

人能了解许多事物，却难以了解人本身。难以捉摸的是人的心理、需求、欲望和人的个体特征，但也并不是无所了解。看清一个人的性格，在社交生活中尤为重要。因为人是社会的人，处于复杂的人际网络中，只有知道如何洞察他人的性格并

认真研究各色各样的人物，才能在人际交往中左右逢源、游刃有余。

要读懂周围的同事。对于那些攻于心计、总是处心积虑挖掘别人的内心世界，却从不把真实面目露给世人，且懂得周旋于同事和老板之间从而处于交际中的主要地位的同事，你一定要有所提防，不要被他所利用，成为他社交布局中的一颗棋子；而对于那些嘴巴好似抹了蜜但当面一套、背后一套的同事，你最好敬而远之，能避就避，能躲就躲；对于那些得理不饶人、说话刻薄、好揭人短的同事，你要与他拉开距离，尽量不去招惹他……

职场只是社交的一小部分，我们往大处看，在与人相处的时候，更要具备一定的洞察力，一步到位看清对方的性格，例如，从难以伪装的习惯动作看出对方的心态，从被忽略的生活点滴推知对方的性格，才能在最短的时间内，达到我们的社交目的。那么，在与人交际的过程中，大致要从哪些方面识别一个人的性格呢？

1.通过谈话来识别

语言是性格的最好体现，我们在不到3分钟的彼此交流中，大致就能看出一个人的性格。那些侃侃而谈的人属于性格外向型；那些谨慎措辞的人一般做事小心；那些喜欢谈论生活点滴的人性格稳定；那些说话颐指气使的人可能习惯了支配下属；那些说话音调高的人，往往性格浮躁、任性；那些……

2. 通过外表和装扮来识别

首先是色彩上，通过一个人的服色可以加深对一个人的了解。性格豪放热烈者一般喜欢大红色，他们一般表现欲强，不拘小节；而经常穿橙黄色服装的人常常是热情好客的，他们的性格色彩是温暖的；喜欢淡蓝色服装的人通常是逍遥超脱者；而常穿翠绿色服装的人多是高雅者，当然其中也不乏颇为清高的人；总穿深灰色服装的人肯定是在思想上较为保守、办事稳重沉着的人。当然，这些都是一种倾向，并不能给一个人的性格定型。

其次，就是装扮的档次、品位等。一个注重服装品位的人同时也很注重个人修养，一个追求高档次服装的人在经济上应该有一定的优越感，同时，也很注重外表。

3. 通过握手的方式来识别

握手是社交活动和商务礼仪中不可或缺的内容，美国心理学家伊莲嘉兰曾对握手的含义进行了分类，分析认为：握手有八种类型，每种类型代表着不同的含义，显示出不同的性格。

当然，这些只是看清他人性格所用方法的一部分，都能帮助我们在第一次接触时、在最短的时间内看透一个人，察觉其心态，洞悉其真实意图，帮助我们成功社交。

第4章
高效沟通,主动与他人进行良好交流

生活中,我们每天要与人沟通,就免不了要说话。而说话谁都会,但要将话说到位,通过说话给人留下好的印象,却未必人人都能做到。世界著名心理学家、奥地利人阿德勒曾指出,要紧紧抓住对方内心,靠的不是渊博的知识,而是准确地掌握对方的心理。同样,我们沟通的效果如何,不在于见多识广或表达之难,也不在于有没有直抒己见的胆量,而在于能否看透对方的内心,并运用自己的语言影响到对方的内心世界。也只有做到这一点,我们才能达到我们的沟通目的。

言多必失，沟通要选准时机

我们必须承认，那些真正口才好的人之所以会获得成功，并不在于他说了多少话，而在于他掌握了说话的时机，尤其是在与人沟通的过程中。正所谓"言多必失"，成功者更注重把握说话的时机，不管在什么场合都显得落落大方，该说的时候说得很充分，不该说的时候一句话也不说。

口齿伶俐，在各种场合口若悬河、滔滔不绝，这是很多人所向往的场景，但如果自己在不适当的时机口无遮拦，说错了话，说漏了嘴，则会造成难以弥补的过失。著名作家大仲马说过："不管一个人说得多好，你要记住，当他说得太多的时候，终究会说出蠢话来。"我们每个人都应牢牢记住这句至理名言，要明白言不在多，但一定要把握沟通的时机，这样才能深入地影响对方的心理。

两家实力悬殊的公司进行贸易谈判，其中，大公司的代表依仗自己的实力，滔滔不绝地向对方介绍情况，而小公司的代表则一言不发，埋头记录。大公司的代表讲完后，征求对方代表的意见。小公司的代表好像突然睡醒了一样，迷迷糊糊地回答说:"哦,讲完了?我们完全不明白,请允许我们回去研究一下。"于是,第一轮会谈结束。

几星期后,谈判重新开始,小公司的代表声称自己的技术人员没有搞懂对方的讲解。结果大公司代表没有办法,只好再次给他们介绍了一遍。谁知,讲完后小公司代表的态度仍然不明朗,仍是要求道:"我们还是没有完全明白,请允许我们回去再研究一下。"就这样,结束了第二次的会谈。

过了几天,第三次会谈小公司的代表还是一言不发,在谈判桌上故技重演。唯一不同的是,这次,他们告诉大公司的代表,一旦有讨论结果立即通知对方。过了一段时间,大公司觉得这次合作已经没戏的时候,小公司的代表找上门来开始谈判,并且拿出了最后的方案,以迅雷不及掩耳之势逼迫大公司,使对方措手不及。最后,达成了一项明显有利于小公司的协议。

一家小小的公司之所以能够打败大公司,在谈判中获得成功,关键在于小公司懂得沉默,懂得掌握说话的时机。在说话时机尚未成熟的时候,他们一直不说话,使对方摸不着头脑,盲目骄傲自大,同时也为自己赢得了时间去研究对手的方案,给了大公司措手不及的一击。可见,说话看准时机比说话多更有效,它能起到滔滔不绝完全达不到的效果。

正所谓"静者心多妙,飘然思不群"。一些习惯于滔滔不绝的人往往是最沉不住气的人，一旦遇到冷静的对手，他就最容易失败，因为急躁的心情让他们没有时间考虑自己的处境与位置，也不会静下心来思考有效的对策。而在上面这个事例中，那位啰唆不停的大公司代表正好中了小公司代表无意中设下的"陷阱"，不等对方发言，就迫不及待地发表意见，等于自己拿空子让别人钻。

那么，在日常生活中，我们该如何看准说话的时机呢？

1. 占据优势时少说话

在谈话过程中，如果我们完全占据了优势地位，就需要少说话，正所谓"桃李不言，下自成蹊"，对方在无措之时自会露出破绽。

2. 不了解情况时少说话

有时候，在不了解对方的情况时不要盲目地乱说，这有可能给对方提供可乘之机，使自己遭受很大的损失。所以，在不了解对方情况的时候，不要轻易把话说出口，需要谨慎用语。

3. 情绪激动时少说话

当自己或对方的情绪很激动的时候最好少说话，这时候一旦开口不慎就会引发一场争执。最佳的说话时机是等双方都冷静下来，能够心平气和地谈话再安排时间交谈，只有这个时候双方的交流才能顺利进行下去。

可见，在沟通中，言不在多，少说话可以使自己有更多的时间思考，经过思考之后，再找准说话时机，这样说出的话会更精彩。而在日常沟通中，我们应该少说话，特别是当一个比自己更有经验的人在场的时候，如果自己说得太多，无疑于自曝己短，这样继续下去将对自己很不利。

让对方多说话，会有助于我们达到沟通目的

生活中，在与人沟通这一问题上，很多人存在这一心理误区：他们认为，说得多就是有口才的表现，同时，为了使他人接受自己的观点，他们总爱侃侃而谈，甚至口若悬河。殊不知，无休止地说话只会让别人反感。我们真正要做的是尽可能多地让对方说，给对方创造说话的机会，把自己变成以听为主的听众，给说话者以呼应，或赞成，助其深入；或反对，让他告诉你他认为什么是正确的，这样才是真正地把握了话语主动权。因此，让对方多说话，并不会让我们丧失交流的机会，反而有助于我们达到沟通目的。

曾经有一名法官，他是个善于倾听他人说话的人，在他调节的纠纷中，人们总是愿意听取他的意见。

一次，一个老作家和一个出版社因为报酬问题出现了纠纷，闹上了法庭。根据案情，法官认为调解对双方，特别是对

老作家有利。因为打官司费钱又费力，个人不能与单位比。但他多次建议双方调解，都没有效果。老作家对出版社怨气很大，但很明显，他是个法盲，开庭时只是反复就一两个问题进行阐述。尽管他的遣词造句与他的职业很匹配——颇具诗歌或散文的味道，可车轱辘话谁听着都烦。旁听席上渐渐有人打起瞌睡，有人起身离去。可法官一直静静听着，不打断老作家的话。

庭审进行了3个多小时，直到双方再无话可说，法官才向双方解释了出版合同的法律规定，指出双方在合同履行中的不当之处，并再次提出调解的建议和基本方案。

老作家听完法官的话，半晌没说话。最后，他突然表示愿意接受调解。

"法官大人，矛盾发生以后，你是第一个完完整整听完我讲话的人。"老作家诚恳地说，"你对我的尊重让我信任你，你说怎么办就怎么办。"

这则故事中，这名法官就是个善于通过倾听解决问题的人。表面上看，一直是老作家在侃侃而谈，法官一直静静地听着，但最终，老作家却因为感受到了来自法官的尊重而接受了调解，这就是法官所要达到的沟通效果。

事实上，并不是所有人都能做到和法官一样，多给他人说的机会。你只要留意一些非正式的聚会，或是聚餐，或是聊天，那些在旁边听别人讲话的人，多么迫不及待地想开口；而且一个讲完以后，旁边立刻有人急着接下去，甚至出现多人抢着说话的现象，你就可以知道人们是多么爱说话了。关于如何更好地倾听，鼓励对方多说，以把握沟通的主动权，有如下一些技巧。

1.集中注意力，用心地听

听人说话是一门大学问，有的人经常被别人说成"左耳朵进右耳朵出"，形容他听话总是记不住。其实，一般人在听别人说话的时候，能记住一半的内容已经不错了。

造成效果这么差的原因有两点：一是听者的思考速度比说者的讲话速度快，因此有许多空闲的时间胡思乱想；二是当说者的论点与听者的观点不同时，后者就很难再听下去。为避免倾听效果不良，除了集中注意力用心听之外，最好的方法是：备妥纸与笔，记笔记。把谈话重点一一记下来之后，就不会忘记。

2.发问

对方说话时，原则上不要去打断，可是适时地发问比一味地点头称是更为有效。一个好的听者既不怕承认自己的无知，也不怕向说者发问，这样不但会帮说者理出头绪，而且会使谈话更具体生动。可以提些诸如"你认为这就是问题所在""你的意思是……""你能说得明白一些吗"等问题。这些提问有助于你获得更多信息,并理解问题的各个方面。

3.中立

像"嗯"和"真有意思"等中性评价性语言能表示你对谈话感兴趣,并鼓励对方继续说下去。这是最难的技巧之一,因为这要求你真正明白对方谈话的主题。

4.重复

可用"按我的理解,你的计划是……""你是说……"及"所以你认为……"等句式来重复对方观点。这些说法表明你在倾听,并明白对方的意思。重复的重要性在于让你尽早发现有无曲解对方。

5.总结

试着用"你的主要意思是……"和"如果我的理解没错的话,你认为……"等句式来总结对方观点。不要第一个下结论,先听他人的结论可能更有价值。

有了上述技巧,你就会发现倾听别人谈话也是其乐无穷的。

可见,沟通不是演讲,不是个人表演的独角戏,而是双方交流的活动。在谈话中,只以自己为中心,好像他人都不存在似的,长久下去,必然会令人生厌。所以在与他人交谈时,给对方创造说话的机会,要比我们自己说好得多。

懂得说话的艺术，语言直击要害

刘越是某中学的一名普通教师，在学校里和校长不是很亲密。有一次，校长由于肠胃疾病复发住院治疗，刘越知道后便买了一些营养品去医院看望校长。

看着病床上躺着的校长，刘越诚恳地对其老伴说："伯父，您的孩子在外地上大学不能回来，而您又这么大年纪，这样日夜照看，身体怕支撑不下来。我年轻，身体又好，如果您需要我来替您照顾一下校长的话，您尽管说，不要太客气了，再说现在也不是客气的时候。"

几句掏心窝子的话一说，立即把她和校长及老伴的关系拉近了许多。这以后，校长对刘越的态度特别亲热，老远见到刘越就打招呼，工作上也特别照顾。

事情也巧，校长出院后的两个星期，学校里要选一个年轻人出国深造，然后回校挑起学校的教学重担。经过千挑万选，最后人选确定在刘越和韩亚之间产生，而大权握在校长手里。

韩亚和校长也没有很深的交往，平日联系得也比较少，此刻为了能得到这次机会，对校长表现得十分殷勤，上班时端茶送水，休息时便拎着礼物去和校长沟通一下感情。真是"平时不烧香，用时猛上香"。这种人是很让别人看不惯的。结果学校派了刘越出国深造，韩亚失去了机会。刘越学成回校后，大胆革新，得到领导器重，平步青云。

想必刘越也没想到，当初去医院探望校长时说的那番话会产生这么大的效果。但事实却向她证明了她行动的正确性。少些功利性，多以平常心来为别人想想。"设身处地，由己及人"，这正是人际交往中的原则。

把话说到点子上，事半功倍；说不到点子上，就事倍功半。中国有句古话："打蛇打七寸。"意思就是说，说话要抓住关键，找到影响问题的关键因素，用最有力的语言来让对方的心灵受到震撼，迫使他进行思考与分析，从而主动拉近与你的距离。想要在社交场合与对方成功交谈，那你必须懂得说话的艺术，语言要直击要害，做到这点，你需要从下面几点入手。

1.说话时语言要简洁明了

当今快节奏的社会，人们不喜欢那些繁杂冗长、晦涩难懂的空话或者套话。说话，尤其是演讲，要做到简洁、明快，词汇更加丰富、思路更加清晰是赢得掌声的关键所在。如果词语匮乏，必然导致词不达意、啰唆干瘪；如果思路不清，会让听众不知所云。

2.挑选对方最感兴趣的主题

谈话中，要尽可能地挑选对方最感兴趣的主题。假如你要说关于提升营销效率的问题或要把某项计划介绍给某公司董事会,那你就要强调它可以带来的众多利益及好处。你要劝说某个人接受某项任务,就要着重讲怎样才能使他们顺利、轻松地完成任务。

3.说出谈话的中心点

说话之前应该把自己要说什么、先说什么后说什么、重点说什么,都在脑子里快速地整理好,这样,时间长了,你说话就会观点清晰,富有逻辑性。此外,还应该让自己的舌头在嘴里转几个圈,把那些多余的废话转掉,说一些简单明了的话,以免废话阻挡了重点内容的表达。

4.不要啰里啰唆

举例来说,许多人在好奇的时候常常会说:"怎么回事怎么回事?"其实,一个"怎么回事"就足以表达你的疑惑之情,为什么偏要多加一个呢?还有的人答应别人一件事情的时候,常常说"行行行……"一连说上好几个。如果你有这个毛病,还是改一下比较好。

沟通过程中,作为沟通的主导方,必须直白明了地陈述自己的思想,力求意思明确、语句清楚、词达其意。不能模棱两可,让人无所适从;不能回避矛盾,要善于把问题摆到桌面上来,这样才能够真正抓住关键、突出重点、一针见血、一语中的。

少说多听,是保持良好沟通的法宝

一个小男孩问他的爸爸:"为什么人有两只耳朵,却只有一张嘴?"这时,他的父亲正因为在一旁不断唠叨的妻子而不胜其烦,便指着妻子对儿子说:"看看你妈就知道了——老天爷这是告诉我们,少说话,多听话!"这固然是一个笑话,然而,在人际关系中,少说多听,也是保持良好沟通的法宝。

我们常说,沟通是一切社会交往的前提和基础。而正确的沟通,不仅包括懂得诉说,更包括懂得倾听。每个人都有一种渴求倾诉的心理,都希望自己的倾诉能有人倾听、被人重视。在社会交际中,如果我们能学会倾听,懂得满足交际对象的这种倾诉心理,那么我们便能迅速赢得对方的好感,在人际交往中占据有利地位。

建军和大伟从大学时代起就是铁哥们儿,两人虽然性格不同,但感情融洽,总是无话不谈。对于大伟的社交能力,建军向来是佩服得五体投地。在他眼里,大伟简直就是社交圈的多面手,这世上估计就没有他交不到的朋友。

这天,建军的公司和他们的合作伙伴共同举办了一场晚会。建军从同事处听说,这次晚会中不乏年轻貌美的单身姑娘。想着自己和大伟都是光棍,建军赶忙将这个好消息通知了大伟。下班后,他俩回家换了套正装,就赶到了晚会现场。

建军第一次看到那么多衣着靓丽、风姿绰约的年轻姑娘，一时有些怯场，赶忙躲到一旁取些吃食，以此掩饰自己的窘态。而他端着盘子四处寻找大伟时，发现大伟和一位美丽的姑娘正坐在角落，开心地聊着天。建军没有过去打扰他们，只是在一旁静静地看着，没想到，他俩一聊就是一整晚，两人只顾着聊天，连一场舞都没有跳。

回家后，建军打了个电话给大伟，向他讨教经验："哥们儿，我这张笨嘴你也知道，你得教教我啊，不然以后再有什么晚会我也没戏。说说看，你和那个美女聊了那么久，你哪来那么多吸引人的话题啊？"

"啊？"大伟愣了一愣，在电话那头笑了起来，"整整一晚上，真的全靠我找话题的话，那位姑娘早就跑了，毕竟女人的心思太难猜啊！我嘛，只是在最初随便搭讪了一句而已。我夸她身材好，问她是不是常去健身中心，是练器材还是跳健美操。她说自己更喜欢游泳，因为从小就生活在海边。就这样，整个晚上她都在回忆自己的童年时光，我偶尔搭个茬儿，并没有再另找话题或多说什么。就在你来电话之前，我刚挂断她的电话。她说很喜欢与我相处，希望明晚一起吃个饭。对，一切就是这么简单。我保证，我整个晚上大多数时间只是保持笑容聆听她的'演讲'，不曾打断她。"

从这个事例中我们可以看出，大伟之所以能够受人欢迎，轻易虏获他人的心，在于他熟练地掌握了"倾听"这个社交技巧。通常来说，异性间的交谈若由男性长时间负责找出话题，那么很容易出现女性不感兴趣、男性半途词穷的局面。异性间——尤其是陌生异性间——的交流，让女性掌握话题的主动权，男性只需面带微笑认真聆听，无疑是一种高明的选择。

俗话说："酒逢知己千杯少，话不投机半句多。"在社会交际中，无论是朋友还是陌生人，之所以会出现话不投机的现象，究其根本是因为彼此不够了解。想要改变这种情况，就需要我们从各个方面去了解、认识对方。而想要了解、认识对方，就需要我们付出足够的耐心与诚意去倾听。懂得倾听，让你能够迅速获得他人的好感；善于倾听，让你能够迅速捕捉到对方更多方面的信息，从而在短时间内大致了解对方的基本性格和特点，使得双方在沟通中能够尽量减少摩擦。

那么，我们在与人沟通的过程中，又该从哪些细节着手，让我们的倾听行之有效呢？

1.表现出你的诚意和兴趣

在聆听他人话语的过程中，我们应该运用眼神、表情、肢体语言等，表现出我们对于本次交流的诚意和本次谈话内容的兴趣。当对方说话时，我们应认真地注视着他，但注意不要一直盯着对方，否则会让人产生不快。此外，你可以不时点头，身体略微倾向对方，在适当的时候报以笑容，以示对方的话语让你很感兴趣，愿意继续倾听下去。

2.适时给出反应

懂得倾听，并不是说我们在整个沟通过程中不表态、不发言，这样会使对方失去倾诉的兴趣。倾听过程中，我们要做的是不插话、不打断对方，而在对方停止话语的间隙，适时地给出你的反馈，如"没错""你说得对"。此外，你也可以适当询问，如"我能不能这样理解……"这些反应，都表明你在认真倾听、积极思考，并理解、支持对方的想法，让对方感受到你对他的尊重，迅速拉近双方的距离。

3.从各个方面捕捉信息

在倾听时，我们应该学会从各个方面捕捉真实信息。如从对方的微表情、小动作来分析对方此时的情绪、心理，判断对方言论的真伪。此外，我们不仅要收集对方言语中的表面意思，对于对方藏在话语深处、不便表达或不愿透露的弦外之音，我们也应当学会捕捉。这样，才能让我们给出的反馈及时、有效，才能让我们更加深入地了解对方。

学会说话技巧，本就是一件难事；而掌握倾听艺术，更是难上加难。每个人生来就有倾诉欲望，想要真正做到管好自己的嘴，让自己少说多听，需要我们不断努力，在每一次的社会交往中，一点一滴地增强自控力，增长听的能力。

避开沟通位差效应，平等交流

美国加利福尼亚州立大学曾就人际沟通做了一项研究。研究结果表明：来自领导层的信息只有20%~25%被下级知道并正确理解，从下往上反馈的信息不超过10%，平行交流的效率则可达到90%以上。在这份研究报告的基础上，研究人员进行了更加深入的探究。结果发现，平行交流的效率之所以能达到如此高度，是因为平行交流是一种以平等为基础的交流。后来，管理学家引用了这份研究报告，并将这种现象命名为"沟通位差效应"。

如今，众多企业已意识到沟通位差效应的不良影响，同时，在社会交际方面，沟通位差效应一样给我们带来了深刻的启示。人与人之间的沟通，其实就是信息的交换。而在信息交换的过程中，人们由于社会身份、个人认知等方面的差距，使得信息交换的平台失去平衡、产生位差。在一个失去平衡的平台上，信息是难以自由流动的，因此导致沟通位差的出现。一旦沟通位差出现，那么沟通的效率便大打折扣。宋代大文学家司马光在其编著的《资治通鉴·唐纪·四十五》中引用的一段话，便体现了沟通位差效应对于君主治国的重大影响。

司马光引用的文字，乃是大臣陆贽劝谏唐德宗的一段话："为臣者没有不想尽忠的，为君者没有不想朝政清明的。可是臣下总是抱怨君主不能使朝政清明，君主总是抱怨臣下不能尽忠，此为何故？这是因为上下之间情况没有沟通好。下情没有不想传达给君主的，上意没有不想令天下知晓的。但是，臣下总是难以将下情传达给君主，君主总是难以让天下知晓上意，这是为何？因为上下之间有九种弊端难以消除。这九种弊端，君主占了六种，臣下占了三种。君主的弊端在于好胜心切、耻于认错、好争辩、好炫耀、严厉威慑、刚愎自用；臣下的弊端在于溜须谄媚、左顾右盼、畏惧怯懦。君主好胜心切，必然爱听阿谀奉承之词；君主耻于认错，必然忌讳臣下直言劝谏。这两种情况，使得君主身边都是奉承之声，难以听到真实的声音。君主好争辩，必然不等臣下说完就用言语令其折服；君主好炫耀，必然武断猜忌、主观度人。如此，就使得那些观望之人见机行事，左推右敲间不愿直接对君主言明朝政的得失。君主严厉威慑，必然不能礼贤下士；君主刚愎自用，必然不会主动承担责任，更不会听从臣下的劝谏。如此，那些畏惧怯懦之辈便只想着逃避责任，更难有真实的言论上呈君主……上意下情不能沟通，臣下便有迷惑，君主便有猜忌。君主心生猜忌，便不能接受臣下的忠诚；臣下迷惑，便难以服从君主的命令。臣下的忠诚不被接受，便会悖逆君主；君主的命令未得服从，就会惩罚臣下。就是因为这样的原因，而使得自古以来便动乱频生，少有治世。"

这一番话，明确指出了沟通位差带来的恶劣后果。夸夸其谈、刚愎自用、爱炫耀、耻闻过的上级和谨小慎微、左右逢源的下级，因为各自的身份与心理状态，对沟通造成了不利影响。而从九大弊端的"分布"情况来看，上下级之间出现沟通位差，上级要负更大的责任。在沟通中，下级的心理状态不仅会受自身地位、认知的影响，更容易受到上级态度的影响。

无论是企业管理还是人际交往，高效率的沟通都是保证人们事半功倍的前提。没有平等，没有一个相对平衡的信息交流平台，任何形式的沟通都算不上是真正的、高效的沟通。那么，我们在与人沟通，尤其是在与自己的晚辈或下级沟通时，需要从哪些方面入手，才能真正避开沟通位差效应呢？

1.正视沟通位差效应

有些人觉得所谓的沟通位差效应能造成的不良影响并没有"传说"中那么"恐怖"，之所以出现沟通问题，多半是由于双方的沟通能力、沟通次数、表达方法等方面不尽如人意。有些人认为只要领导足够威严，下属自然不敢有所欺瞒，一旦被领导问及便将心中所想或事实真相和盘托出。有些人觉得孩子老实敦厚，不管家长说什么，孩子都能全盘接受、认真服从。凡此种种，都是因为没有正视沟通位差效应的威力而产生的。然而，在我们前文的介绍中，相信大家已经看到这个心理效应中隐藏的危机。一个问题如果得不到重视，那么它将永远不会被彻底解决。我们在沟通中要想避开位差效应的影响，就必须从根本上重视它。

2.易地而处，推己及人

要想避免沟通位差效应产生作用，我们在与人沟通时，要学会多站在对方的角度考虑问题。例如，面对白发的老翁，你要考虑彼此之间沟通的话题、老人家的体力、听力等各方面，从而选择合适的沟通方式。只有当你设身处地地为他人着想时，才能判断出对方言语的真伪、详略，才能体会到对方内心的真实感受和具体需求。如此，才能使这一次的沟通行之有效，发挥其应有的作用。

3.客观做不到，主观应做到

之所以产生沟通位差，其根源是沟通双方客观地位和主观地位存在差距。客观地位的差距，短时间内是不会轻易改变的。想要避免出现沟通位差，做到平等沟通，我们可以尽量使双方的心理差距缩小至接近平衡的状态。尤其是当领导和下属聊天、家长找孩子谈心时，作为客观地位高的一方，应当主动放下架子，不要以高高在上的姿态使得对方心里紧张，甚至产生反抗、厌恶的情绪。

虽然我们常说"人人平等"，但不可否认的是上下级或长晚辈之间因为彼此直接或间接的隶属关系，于不知不觉中形成了"心理定式"，即上级理当居高临下，下级自动服从。这种心理定式一旦形成，很难被立即打破，只能在一次次的沟通中尝试逐渐改变。平等的沟通，来自交流双方共同的努力。地位高者要懂得放下身段，地位低者应学会摒弃自卑。当双方都意识到高效沟通的重要性，都开始自觉建立、维护平衡的沟通平台，那么沟通位差也就不复存在了。

第5章
利用心理暗示，让你的想法悄悄传递

生活中的人们，可能你会羡慕那些说话具有影响力的人，似乎他们有某种魔力，只要他们一开口，对方就会按照他的意愿去行动。其实，他们运用的心理学方法叫心理暗示。心理暗示是一种特殊的心理技巧和信息传递方式，它是指在无对抗态度的条件下，用含蓄间接的表达方式对人的心理或行动产生影响。同样，你也可以将心理暗示运用于沟通中，这样，你就可以用含而不露的语言去影响他人，对方就会在不知不觉中受到影响。

有些话不必直说,暗示法让对方心知肚明

在与人交往的过程中,很多话不是随随便便就能开口说的,所以懂得暗示是一门非常重要的交际学问。语言的技巧在于让对方听得舒心、听得开心、听得进去。所以,从这个角度来说,在和别人沟通的时候,适当地控制自己的情绪,学会巧妙地暗示,把那些不方便明说的话用另一种方式传达给对方,是每一个会说话的人都应该掌握的说话技巧。

王丽娟很有才气,业务能力强,工作成绩非常突出,唯一不足的是她个性比较自我,工作时不重视团队合作,总是独自行事。例如,她接手一个项目之后,会根据自己的时间制订好工作计划,而对与其他人合作的事宜不管不顾。每当需要同事合作的时候,她就要求对方配合行事,且不管对方有无时间。大多数情况下,同事为了项目的顺利进展都会配合王丽娟的工作,但心中颇有不快,认为她太过自私,不够尊重人。

主管亮哥听闻此事之后,找到王丽娟进行了一番沟通,他没有直接指明问题,而是谈了一件类似的事情:"我认识一位朋友,他叫李海。李海的能力很强,工作成果非常突出,但

是太过自我，工作中不注重团队合作精神，同事对他的意见很大。后来，很多同事渐渐不再配合李海的工作，李海的工作成绩随之一落千丈，最后不得已离开了那家公司。"亮哥惋惜地说："本来李海是一位很有前途的员工，就是因为太自我，不善于与人合作，不能为他人考虑，最终使自己的发展受到极大的影响，实在是太可惜了。"亮哥通过一个相似的例子用暗示法对王丽娟进行了善意的提醒，王丽娟必定可以在这番意味深长的话语中听出"弦外之音"，这样既维护了她的面子，又给她敲响了警钟，达到促进她改善工作方式的目的，一举两得。

与人沟通就要懂得给他人留面子，即便对方真的犯错，我们也应该首先给他们一个改过的机会，这样我们就会避免很多的冲突。所以说，能通过巧妙暗示顺利解决的问题，尽量别正面冲突，毕竟得罪人并不是一件好事。

如果想要通过暗示达到交际的目的，那么你可以从以下几点着手。

1.先进行一定的表扬

要批评一个人时，为了不伤及其面子，可以先创造一种双方都能接受的氛围，如可以先对其进行表扬，等彼此距离拉近后，再进行适当的批评。但我们在批评对方的时候要注意态度问题，要懂得尊重对方，不要当着众人的面批评，此外一定要注意委婉地进行。

2.要懂得旁敲侧击

很多的交流不需要说明白,旁敲侧击地沟通既不影响感情,又能提醒他人需要注意的地方。历史上曹操的"青梅煮酒"就是运用旁敲侧击的方法,委婉地达到了目的。

3.给予安慰式的鼓励

年轻的莫泊桑向著名作家布耶和福楼拜请教诗歌创作技巧。待莫泊桑朗读完后,布耶说:"你这首诗,句子虽然疙里疙瘩,像块牛蹄筋;不过我读过更坏的诗。这首诗就像这杯香槟酒,勉强还能吞下。"这个批评虽严厉,但留有余地,给了对方一些安慰。

委婉的暗示有利于保护被批评者的自尊心,让人既意识到自己的错误,同时也理解你善意批评的意图,使他内心里对你心存感激。此外,暗示之语通常暗含弦外之音,能够巧妙地表情达意,让人思而得之,从而获得深刻的印象。所以,我们一定要好好揣摩这种交际语言,这样才能让自己成为一个更能走进他人内心的人。

暗示是一种绝佳的交流方式

很多话题都是不能明说的,就像很多一流的东西一旦显形，就会成为二流，谈话也是如此。真正达到高境界的谈话，未必需要把每句话都说得清清楚楚、明明白白，也可以点到为止，以暗示的方法让听话者自己领悟和意会，这样反而效果更好。

生活中不乏有些人，什么事情都喜欢掰扯得一清二楚。实际上，这个世界中根本没有绝对的多错，因而很多事情都没有必要分个胜负输赢，也不必要争个你强我弱。对于一些道理和真理，必须经过漫长时间的检验，才能为所有人接受。至于生活中那些粗浅的道理，则只需要彼此心服口服即可。由此可见，普通人交谈的目的并非发现真理，而是在不断地磨合中获得共识。只要能够达到良好的交流效果，暗示也不失为一种绝佳的交流方式。

假如你正准备出门，突然家里来了客人，但是你又不得不出门，那么如何下逐客令呢？假如你的朋友和你借钱，你恰巧手里也很紧张，但偏偏你的朋友以为你很有钱，你该如何说明情况呢？假如你很想向一个女孩表达爱意，却因为内向害羞而一直不敢说，偏偏也有别的男孩子对其展开积极攻势，你再不说就没有机会了，你又该如何是好？这些，都是我们在生活中经常会遇到的情况。聪明的人一定能够找到合理的表达方式，委婉地表达自己的心意。所谓不管黑猫白猫，只要能抓住老鼠的就是好猫。即便是用暗示的方法，只要能达到交流的目的就是好的方法。你，准备好暗示他人了吗？

有一天，小敏正准备出门办事。不想，家里突然来了一位客人。小敏又不能把客人拒之门外，就把客人请进屋子里，她想：也许客人很快就会告辞呢？不想，客人在小敏家足足待了一小时，还没有准备离开的意思，这时小敏办事的时间已经到了，而她还没有出门呢！小敏心急如焚，坐立不安。这时，小敏突然想出一个好办法，她悄悄发短信给一个闺密，让她马上打电话给自己。

几乎就在几秒之内，小敏的电话铃响了起来。小敏拿起电话，说："哦，哦哦，不好意思啊，娜娜，我家里正好有客人，聊着聊着不小心忘记咱们的约会了。这样吧，你就在那里等着，我打车过去，马上就到，你看行不行？"小敏刚刚挂断电话，客人已经站起身来准备告辞，还一连声地说："不好意思啊，耽误你的约会了，你看我来得真不巧，咱们下次再聊吧！"就这样，小敏只接了一个电话，就无须再向客户下逐客令。

一天晚上，张教授吃完饭正在家里休息呢，突然几个学生前来请教问题。学生们的学习热情都很高，你一言我一语地提出问题，还不停地讨论，直到深夜还没有离开的意思。张教授第二天一大早就要起床赶火车，去外地参加学术会议，因而有些困倦，想早些休息。但是看到学生们兴致盎然的样子，他根本不好意思直接下逐客令。思来想去，就在一个学生提出一个比较深奥的问题，且大家彼此之间产生分歧时，张教授赶紧说："这个问题历来是学术界争论的焦点，咱们这样争执估计也很难得出结论，不如这样吧，我明天一大早就要去外地参加学术会议，等遇到那些专家学者时，我会拿出这个问题听听他们的意见。"听到张教授的话，一个学生恍然大悟："啊，老师，您明天一大早还要赶火车啊。您看，我们打扰您休息了。"说着，这位学生赶紧招呼其他学生一起告辞，大家都为耽误了老师的休息而感到愧疚。

在第一个事例中，小敏想到了一个好办法，那就是让朋友打电话过来，佯装有约会的样子，这样一来，客人再厚脸皮也不好意思赖着不走了。在第二个事例中，作为教授，当然很希望同学们有积极的学习态度，因而面对好学的学生们，他根本不好意思直接下逐客令。因而，他以委婉的方式暗示学生们，他第二天要早起赶火车去参加学术会议，冰雪聪明的学生一下子就意识到老师需要休息，因而就赶紧告辞了。

所谓响鼓不用重锤，意思就是说如果鼓很响，即使轻轻地敲打，也能发出震耳欲聋的声音。人际交往也是如此，对于领悟能力强的人，即使不把话说得那么明白，他们也能领会和意识到话中隐含的意思，从而主动地做出改变。如果人与人之间很多隐晦的事情都不说得那么明白，就会让生活弥漫着淡淡的美好。

委婉表达,让对方轻松接受

日常生活中,我们与人交往的时候,会涉及一些我们不能直言的问题,如拒绝别人、指责对方等,如果不顾对方的感受和情绪,把自己的想法强加给别人,不仅起不到我们预想的效果,还会恶化彼此之间的关系。此时,我们不妨尝试一下心理暗示,委婉地暗示对方,对方接受起来也轻松得多。我们不妨看看下面的故事。

李某是某县城的一个机关小干部,老家在农村,经常有些老乡来家串门,今天不是老乡生病借钱,明天就是老乡求着办事,这倒还好,有些老乡竟然把李某家当成自己家,吃住全在他家。他家的正常生活完全被打乱,李某无所谓,关键是他的家人,尤其是妻子和小孩,对此很有意见。

有一次,两个进城打工的老乡找到李某,诉说打工之艰难,一再说住店住不起,租房又没有合适的,言外之意是要借宿。

李某听后马上暗示说:"是啊,城里比不了咱们乡下,住房可紧了。就拿我来说吧,这么两间耳朵眼大的房子,住着三代人。我那上高中的儿子,没办法晚上只得睡沙发。你们大老远地来看我,不该留你们在我家好好地住上几天吗?可是做不到啊!"

两位老乡听后，就非常知趣地走开了。

李某运用的就是暗示法，他并没有直接拒绝老乡借宿的要求，只是说出了自己的难处，老乡自然能听出李某的言外之意，也就能知趣地离开了。这告诉我们，在与人交际的过程中，如果碰到一些由于种种原因，不好意思直接开口，喜欢用暗示来投石问路的人，你最好用暗示来拒绝。

在人际关系中，出于各种原因，有时我们会驳别人的面子，这种事情如处理不当，轻则伤害对方，让对方难以接受，疏远彼此间的关系，重则得罪人，结仇家。对此，我们要学会暗示，既表达了自己的意思，又让对方轻松接受。利用话里藏话暗示他人，是我们必备的社交技巧。

有一个机关工作人员在一家餐馆就餐时，发现汤里有一只苍蝇，当场就很生气，于是，他先质问服务员，可没想到服务员却全然不理，好像没听见他的抱怨一样。

后来，气愤中的他亲自找到餐馆老板，提出抗议："这一碗汤究竟是给苍蝇的还是给我的，请解释。"

那老板一听，把责任全推在服务员身上，于是，只顾训斥服务员，却全然不理睬他的抗议。

他只得暗示老板："对不起，请您告诉我，我该怎样对这只苍蝇的侵权行为进行起诉呢？"

老板这才意识到自己的错处，忙换来一碗汤，谦恭地说：

"你是我们这里最尊贵的客人!"

说完,大家一起笑了。

显然,这个顾客的做法值得赞扬,他虽然是有理的一方,却没有颐指气使,也没有对老板和服务员纠缠不休,而是借用苍蝇侵权的比喻暗示对方:"只要有所道歉,我不会追究。"这样老板也就明白了他的话,"苍蝇事件"自然也就在十分幽默风趣的氛围中化解了,同时避免了双方的尴尬和窘迫,可见,心理暗示的作用之大。

但委婉暗示,让对方接受,我们必须掌握三个基本功。

1.会把握局势

首先是能听出对方话里有话,然后加以揣摩,这其中观察能力很重要。毕竟,交际生活中,很多人都喜欢用隐晦的语言、含沙射影地表示自己的弦外之音,即便是恶毒之意也不容易听出来。再者,你必须学会掌控交际局势,让对方接受你的暗示,你必须站在有理的一边。

2.要委婉含蓄地表达自己

同样的一句话,直言不讳与委婉表达起到的效果是不一样的。话说得有艺术,才能让人心领神会,明白话中的锋芒。当然,委婉表达的前提是要让对方听得懂,而不能云里雾里。

3.尽量在善意的氛围中暗示

有些人虽然接受了我们的委婉暗示,但却是在逼不得已的

情况下接受的,这种人一般会和我们"老死不相往来",这不是社交的最终目的。为此,我们要懂得不伤感情地在善意的氛围中暗示对方,让他既能接受,还感激我们"口下留情"。

总之,与人交往,当不好开口时,我们就可以采用心理暗示的方法,委婉地表达我们的想法,这是必备的交际能力。

完美的"标签"是一种积极的心理暗示

人活于世,谁都希望可以得到周围人的认同和肯定,来确定自己存在的价值。而实际上,我们都因忙于自己的工作和生活,而忽视别人有这样的需求。因此,我们在日常生活与交际中,要多去鼓励、赞美、肯定别人,给对方贴上完美的"标签",这也是一种积极的心理暗示。当别人接受了这种心理暗示后,我们也就交到了朋友。

某星级饭店有一位总台员工,在业内有很多年的经验,工作勤勤恳恳、任劳任怨,深受顾客的好评,渐渐地,整个饭店都离不了她。

但有一天,她突然递交辞职报告。这下子把领导都弄蒙了,因为这家饭店的工资待遇在当地算比较好的,而且她也一直努力地工作。领导问她为什么要辞职不干,她说:"没意

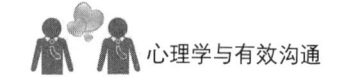

思，干好干坏还不是一样吗？"一语道破天机。领导算明白了一点。

接着，这名员工说："酒店付我多少钱，我不在乎，可是当我把工作做得很好时，我希望上司能向我说声'谢谢'，或者至少向我表示点什么，让我知道他很重视我的存在。每当我把事情办砸了，就会听到上司谩骂的声音，可是相反的，如果我把事情办好了，我却什么也听不到！"

这下子，领导算是彻底明白了，最后，他还是好言相劝，才将这名员工留了下来，并说了一句感慨颇深的话："我终于知道为什么我们许多的企业留不住好的员工，为什么员工流动率这么高了！"

这位领导的话的确发人深省，现代社会，任何企业对待员工，已经不能和以前一样了，不能再以训斥和高压的方式管理员工，肯定与奖励，比以往任何时候都来得重要。一个企业要想留住员工，就要学会鼓励员工，振奋士气，这并不是单用钱能解决的问题。因为没有一位员工愿意做一个平庸的人，每位员工都希望力争上游，上级领导一个小小的鼓励和暗示，就会让他们继续努力，保持良好的表现。

这一点，同样适用于社交场合，我们要想达到社交目的，就必须学会肯定对方、鼓励对方。其实，搞好人际关系不一定要用钱，也不一定需要大量的物质拉拢，因为这些都无法让对方从心底深处接受你的"讨好",打心眼里肯定他、赞美他、鼓励他,给他"贴标签",才是有效的心理暗示。

那么,社交生活中,我们怎么给对方贴"标签"呢?

1.肯定对方

这是最基础的贴"标签"的方法。

的确,谁都希望自己的劳动被肯定,又有谁希望自己在付出心力之后得到别人无动于衷的表情呢?至少对自己的付出应该有一点感激之情。不论是经理还是员工,是父母还是子女,是教练还是运动员,尽管每个人表面上看起来好像都很独立很自足,可是骨子里,我们谁都需要别人的认可,但是,我们在要求得到别人肯定的同时,却忘了肯定别人。

其实,肯定别人,并不是什么难事,你可以送对方如"劳模"或者"三好妻子"等称号,虽然是无心的称呼,却在一定程度上肯定了对方,这种心理暗示会激励对方朝着更优秀的方向努力,与此同时,我们的目的也能达到。

2.赞美对方

生活中,谁都会赞美别人,可是赞美的效果却参差不齐,这主要还看我们会不会赞美。

正确的赞美方法,还是暗示性的赞美,例如,如果对方是个眼睛大的女孩子,实际上她并不漂亮,你可以称她为"小电眼",并不时地提起这个"标签",虽然这有点起绰号的嫌疑，但只要是女孩子，都很受用。因为即使在本质上是一个微不足道的小优点，只要在量的方面给予反复的刺激，自然会把缺点驱逐到一边去，而使优点在心中逐渐扩大起来。

生活中，有人之所以有自卑感，不与人友好相处，就是看不到自己的优点，光看到自己的缺陷。实际上每个人都有自己的闪光点，看不到，只能说对方没有发现。你现在要做的是，设法帮助对方发现它，还得设法扩大它。即使是微小的优点，一天反复说几遍，也能使他感觉到优点多于缺点。有时候，对方突然发现，原来自己也是这么优秀啊，当他有这种想法的时候，你们也就离知己的关系不远了。

3.鼓励对方

拿领导和下属的关系说，一个领导要想让下属努力工作，在督促的同时，更要鼓励他。例如，可以给下属贴上"小蜜蜂"的"标签"，因为这是对下属勤劳的肯定。下属会认为"我行，我很勤奋，我有能力做好本职工作"，从此提高自信心，提升对工作的兴趣，工作越干越好，越干劲越足。

因此，我们在社交生活中，要学会从积极的方面多肯定、赞美、鼓励对方，为对方贴一些正面的"标签"，这远比直接用语言表达效果好得多。

找个"借口",为下次交流制造契机

现实生活中,可能我们经常有这样的经历:好不容易遇到一个说话投机的人,却只有一面之缘;和客户正聊在兴头上,并且客户也有购买意向,对方却被一个突如其来的电话催走了;遇到一个心仪的女孩,很想和她继续交往下去,却不知道怎么做。其实,这些问题归结到一起,还是因为我们不善于心理暗示,不懂得为下一次的交流找"借口"。

在日常交际中,很多时候,我们已经做好了交际的前期工作,并给对方留下了良好的印象,但俗话说得好"天下没有不散的筵席",即使再投机的交谈,也有结束的时候。此时,你就要开始考虑如何告诉对方你很渴望下一次的交流,然而,如果你直言表明,会显得突兀,而且,万一遭拒,双方都会显得尴尬。假如我们找一个"借口",暗示对方,对方自然会会意,一般也都会领情。

有这样一个美丽的爱情故事。

有两个年轻男女,从某县城上车,坐在车站旁的一条长椅上。

男青年问对女青年:"在什么地方下车?"

"南京,你呢?"

"我也是,你到南京什么地方?"

"我到南京山西路一亲戚家有事,你就是此地人吧?"

"不是的,我是从南京来走亲戚的。"

经过双方你一句我一句的交谈,两人对彼此都产生了好感,可是眼看车要到站了,男青年想,一定要和这位姑娘继续交往,于是,情急之中,他借口让女孩帮自己拿一下衣服,他去上卫生间。车进站后,男青年还没来,女孩只好自己上车走了,女青年摸了摸衣服的口袋,居然有名片,后来,女青年给男青年打了电话,在一来一往中,二人恋爱了。

这段爱情故事看似偶然,实则必然,因为一切都在男青年的掌握之中,衣服是他故意留下的,名片也是他故意放的,但即使女青年知道,也不会责怪他的故意,因为一切都是善意的。

男青年对女青年有好感,两人的交谈即将结束时,他找到了一个合适的"借口",暗示了女青年自己的情感,这一暗示方法实际上也可放大到整个社交生活中,关键是这个"借口"我们该怎么找。

我们在与人交往的时候,寻找共同话题、开口讲话、打开交际局面并不难,与对方将交谈进行下去也不难,而维持并延续交谈就有难度了,也体现了我们的社交水平。我们该怎样为下一次的交流找"借口"呢?

第一,求助法。

当然,我们要记住,这只是一个"借口",我们所要求助对方的事情,对于对方来说,要是举手之劳之事,不然,当对方意识到事情的难度,在评估自己的实力后,一般只好拒绝。例如,你要出门,可以将自己的宠物寄养在你想深交的朋友那儿,这并不是难事;但如果你缺一大笔钱,找对方借,或许人家就无能为力了。

第二,助人法。

生活中,很多男性追求女性的时候,一般会不遗余力地帮助对方,就是这个道理。

史蒂夫·鲍尔默曾经说过:"责任感,就是成就神话的土壤和条件。"当你经营人脉的时候,什么才是你最重要的责任呢?答案很简单,那就是主动帮助别人,不断地帮助别人,尽你所能地帮助别人。如果你和交际对方有继续交往的愿望,不妨试试这种办法。

第三,话题遗留法。

这一方法,需要我们把握好双方交流问题的进程,这是一种"吊胃口"的办法。当你和对方正聊到兴头上的时候,你可以主动"偃旗息鼓",然后主动寻求对方的联系方式,并对他说:"真不好意思,我临时有点事,您看今天我们没聊尽兴,要不下次我做东,我们找个地方好好聊,您看,行吗?"这样诚恳的请求，一般没有人会拒绝。当然，值得强调的是，你一定要确保你的话题能够吊到对方的胃口。

事实上，有时候我们找的这些"借口"，对方都能看出来，只是对方一般不但不怪罪，反而感激我们的用心良苦，并会给我们面子，期待下一次的交流。

第6章
善于拉近关系,沟通起来更顺利

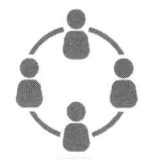

前面,我们提及,一般的沟通多半带有一定的目的性,而正是因为这一点,对方会处于一定的戒备状态,彼此之间都会存在心理距离。而从深层次的角度来说,我们沟通,是为了打破这种心理隔膜,建立友谊,从而达到更深层次的交际目的。而拉近彼此之间的距离,最重要的一点就是我们要懂得运用心理技巧,制造出惺惺相惜的心理磁场。

多说"我们",制造亲近感

燕燕和阿洛是一对新婚夫妇,燕燕对阿洛说:"从此以后,就不能说'你的''我的',要说'我们的'。"阿洛点头称是。一会儿,燕燕问阿洛:"亲爱的,我们今天去哪儿啊?"新郎说:"去我舅舅家。"燕燕就不乐意了,纠正说:"是去我们舅舅家。"阿洛去洗手间,很久了还不出来。燕燕问:"亲爱的,你在里面干吗呢?"阿洛答道:"我在刮我们的胡子。"

这段话比较搞笑,但是认真想想,这何尝不是一种拉近彼此距离的好方式呢?"我们"与"我",一字之差,却表达了截然不同的两种态度。在家庭中如此,在人际关系中何尝不是呢?理解必要的社交心理,对我们进行社交活动有很大的帮助,人脉战术其实也是一种心理战术!

王翰在某家大型电器商场做销售员,他主要负责的是笔记本电脑的销售。

有一天一大早,来了一位四十多岁的大姐,怒气冲冲地吼道:"小伙子,我问问你,你这卖的是什么假冒伪劣产品,我上个月才从你这里买的笔记本电脑，花了我5000块钱，竟然用了没多久，隔三差五就出毛病，要不就蓝屏，要不就卡得一动不动。你说吧，你必须给我个交代，简直就是骗子，你们这些做销售的，就知道坑人，真是没良心，真是气死人了！"

王翰立即意识到可能是产品的质量出了问题，于是他微笑着说："大姐，您先消消气，先坐坐，别着急，其实我们都是一样的，在下班的时候，我们都是消费者，所以您的心情我能理解。我们都不想买到低劣的产品。这样，您把笔记本电脑拿来，并带上相关单据，我们一起与生产厂家协调一下。您看这样可以吗？"

这位大姐听完王翰的一番话，觉得这个销售人员似乎很能体会自己的心情，于是不再发脾气了，立即回去取笔记本电脑及单据。最后，在王翰的帮助下，这位大姐换了一部全新的高质量笔记本电脑。

"我"字讲得太多，过分强调，就会给人突出自我、标榜自己的印象，这会在对方"和你之间筑起一道防线，形成障碍，影响来往的深入。事例中的王翰一直在说"我们"，这无形间拉近了与大姐的距离，告诉对方"其实"我们都是消费者，我理解你的心情"，经过一番的交流，对方的怒气慢慢消了，彼此之间也协商到了一个点，可以说是比较成功的交谈。

说话时，说"我"和"我们"，给人的感觉是完全不同的。在开口说话时,我们要注意这样的细节,多说"我们",用"我们"来做主语,因为善用"我们"来制造彼此间的共同意识,对促进我们的人际关系将会有很大的帮助。

1.真心接纳对方

当一个人真心接纳对方时,就会很自然地把自己和对方放在一起,把对方当作自己的一部分。因此,在向对方传递你的友善的时候,只有真心地接纳对方,才会在说话的时候多强调"我们"这个群体,而放掉"我"这个个体。

2.不要总是以自我为中心

不要总是以自我为中心,要时刻考虑别人的感受,在与别人商议或讨论问题时,要将"我"以"我们"的方式表达出来。如果你总是自以为是,处处以"我"开口,这会让你和他人的距离逐渐拉大。

3.必要时,说"我"要谨慎

不可避免地要讲到"我"时,你要做到语气平和,既不把"我"读成重音,也不把语音拖长。同时,目光不要逼人,神态不要得意扬扬,你要把重点放在事件的客观叙述上。不要突出做事的"我",以免使听者觉得你自认为高人一等,觉得你在吹嘘自己。

区分"我"跟"我们",其实就是为了取悦对方,从而拉近与他的距离。说"我们",对方听了顿时感到彼此立场一致,进而把你当自己人;说"我",极易把自己和他人区分开,无意间把人推向远处。既然这样,聪明的人就应该多说"我们"少说"我"。

释放你的热情,成为一个温暖的人

生活中,我们可以看到那些交际大师都有一个特点,那就是在他们每时每刻都有一张迷人的笑脸,对任何人都热情以待,用行动"拉拢"周围所有人,他们在自己的关系网中自由地穿梭,不断结识新朋友,扩大自己的关系网,而这也正是我们应该学习的。一个热情的人更能在聊天中获取他人的好感,更能使对方产生聊下去的欲望,如果你想在聊天中成为一个给人温暖、让人喜欢的人,那就释放你的热情吧。

初级文员王海退休时,公司为他举行了欢送宴会,所有的职员都来了,当主持人把话筒递给王海时,这位工作了近三十年的老员工只说了一句简短的话:"谢谢大家。"这让人感到非常的意外,话筒再次递了过来,王海又干巴巴地挤出来两个字:"谢谢。"既让人可笑,又让人感到一丝失望。在大家的笑声中,王海拿起蛋糕放在嘴里,捧起同事送的礼物和卡片,悄悄地走了。谁都看见了,但是谁都装作没看见。

王海是个兢兢业业、一丝不苟、老实本分的人，但他直到退休都只是一个初级文员，以他的资历，早应该坐到部门经理或者高级文员的位子上。为什么他像一个旁观者一样，就这样退出了历史舞台并且是如此不通人情。究其原因，就是他过度内向，总是封闭自我，同事都以为他是个冷漠的人。

　　平时在单位里，他总是低着头，很少和同事说话；看到同事有困难，他也从不主动帮忙，即使别人开口请他帮忙，他也总是找这样或那样的借口推辞；开会的时候，他总是找一个角落坐下，一言不发……他好像和别人生活在两个世界里，他没有办法和别人进行正常的交往。因此，他成了一个孤独的人，同事疏远他，领导忽略他，晋升机会远离他……

　　一个人如果失去了热情，那他就失去了吸引对方的光芒。事例中的王海就是一个例子。公司是个集体，如果你总是活在自己的世界里，不懂得热情地融入这个大家庭，那慢慢地大家也会感觉你是个不好相处的人、一个冷漠的人，大家对你的主动结交也会变得越来越少，你就会成为一个被孤立的人。

　　热情是驱使一个人永远向上的动力。凭借着热情产生的巨大能量，你能获得更多的朋友，你的人生也将变得更加绚丽多彩。世界上从来就有美丽和兴奋的存在，它本身就是如此动人，如此令人神往，所以我们必须对它敏感，永远不要让自己感觉迟钝、嗅觉不灵，永远也不要让自己失去那份应有的热忱。

拥有热情不同于嗓门高，也不是"三分钟热度"，更不是虚情假意。热情是发自内心的一种生命的热度，它从人的眼睛、神态、语言、举止中表现出来，并保持永恒的、真挚的状态。刻意的迎合、过度的热心、忽冷忽热的态度终会被人们识破，从而失掉别人的信任。

那么，做一个充满热情的人，需要具备哪些素质呢？

1.提升自己做事的速度

现代社会已进入节奏感强、竞争激烈的时代，办事永远比别人慢半步的人怎么也不会引起他人的注意，办事也不会成功。为了给人留下做事积极、用心的深刻印象，事事都比别人快一步是十分有效的。

2.主动与人结交

要想拥有更多的朋友，与更多的人能聊到一起，那你就需要学会主动结交他人，做一个热情礼貌的人。当你主动了，对方就会觉得你有意与他深交，他就会感受到你的那份热忱，你们之间的桥梁也就顺其自然地搭建起来。

3.乐于助人

一个心怀热心、总是喜欢乐于助人的人是更受人喜欢的，因为他浑身散发的是一种正能量，能给人满满的温暖。乐于助人是一种优秀品质，一个内心冷漠的人是很难做到这一点的，生活中，我们要懂得多帮助他人，相信这会回馈给你更多的幸福感。

热情是一种重要的力量,是一种无穷的动力,是我们需要付出一生的努力去实现的目标。在聊天这门艺术的实践过程中,热情往往会散发出无限的魅力,不仅能让聊天者变得热情满满、神采奕奕,更容易促使对方在潜移默化中接受聊天者的意见。

说点甜言蜜语,将恭维话说到位

西方有句古语说得好:"一滴蜜比一桶毒药所捉住的苍蝇还要多。""蜜"其实就是甜言蜜语,是赞美、是夸奖、是肯定,有时也可以说是曲意奉承。只要你恭维得恰如其分,对方就一定会心情舒畅,并对你心生好感,随后的接触就会顺利得多。

那么,朋友们,你知道如何才能把恭维的话说得更贴切、更深入人心吗?以下几点将会让你有所感悟。

1.分清对象再说话

在说恭维话的时候,有一个原则必须把握准确,那就是对不同的人要说不同的恭维话。如果与你交谈的是年轻人,正在奋斗中,你可以说几句鼓励的话,他一定会十分高兴;如果对方是老年人,那么你在恭维话的选择上则应该从健康或者他的晚辈着眼。

2. 尺度一定把握好

恭维他人，最忌讳的就是虚情假意。如果恭维的话说不到位，反倒让人恶心发麻，以为是嘲讽，结果只会适得其反，还不如闭上嘴巴。说恭维的话要把握好时机，话语也不可过火，同时还要让人感受到真诚。

3. 注意时机问题

当你发现对方有值得赞美、恭维的地方，要善于及时大胆地赞美、恭维，千万不要错过时机。不适时机的恭维，无异于南辕北辙，结果只能事与愿违，起不到应该起的效果，甚至还会产生一定的副作用。

4. 点出对方骄傲的地方

如果你的恭维保持高度的一致性，见了女性就夸漂亮，见了男性就说事业有成的话，那么，你的礼仪修为不会得到他人认可的。如果你面对的是非常重要的客户，千万不要轻易地开口恭维对方，事先进行调查，看看对方到底爱的是什么，这是避免让自己尴尬的好办法。

真诚的赞美，是拉近与客户距离的最好方式。在谈判中，声音是可以赞美对方的第一点，在与他人的交流中，只要大家细心凝听，实际上可以通过声音掌握对方很多的信息，如年龄、受教育程度、做事情的态度等。

满足他人虚荣心，为沟通奠定基础

我们都知道，虚荣心是人性的弱点，人们都或多或少地有虚荣心理。从这一点出发，我们在与人沟通中，多抬高他人，满足其虚荣心，对方心中必会产生一种莫大的优越感和满足感，自然也就会高高兴兴地听从你的建议，从而从心里接受你。

有一次，乾隆皇帝闲来无事，想测试一下臣民眼中的智者纪晓岚到底有多聪明。

于是，他将纪晓岚传进宫，与他展开了一段对话。

乾隆皇帝对纪晓岚说："纪晓岚！"

"臣在！"

"我问你，何为忠孝？"

纪晓岚说："君叫臣死，臣不得不死，为忠；父叫子亡，子不得不亡，为孝。合起来，就叫忠孝。"

乾隆皇帝顺势就说："好！朕赐你一死。"纪晓岚一听，有点蒙，不知道为何皇帝要这样说，可能是个玩笑，但君无戏言，既然皇帝开口了，就要遵命，于是，他只好谢主龙恩，三拜九叩，然后走了。

乾隆皇帝说完之后就后悔了，要知道，纪晓岚如果遵命，就得死；如果没有遵命，就是欺君之罪，也得死。纪晓岚是个忠诚的臣子，死了该多可惜。他想，我倒是要看看，你今天怎么逃脱？

半炷香的时间过后，纪晓岚气喘吁吁、面带悲色地跑了进来，"扑通"一下就跪在乾隆皇帝的面前。

看到此情此景，乾隆皇帝故作生气地说："大胆，好个纪晓岚！朕不是赐你一死吗？你为什么又回来了？"

纪晓岚说："皇上，微臣原本真的打算去死，当我准备跳河时，屈原居然从河里跳出来了，他很生气地告诉我，纪晓岚，枉你还是个读书人，怎么这么糊涂，想当年我投汨罗江自杀的时候，是因为楚怀王昏庸无道；当今皇上皇恩浩荡、贤明豁达，你怎么能死呢！我一听，就回来了。"

最后，乾隆皇帝不得不解嘲地说："好一个纪晓岚，你是真能言善辩啊。"

即使乾隆皇帝知道纪晓岚说的是恭维话，可是他仍然按照纪晓岚的话在心中给自己定位了：一个贤明的君主。纪晓岚看似愚钝，执行了乾隆皇帝的"赐死"，但却利用了每个人都有的虚荣心，为自己解了围。

法国哲学家罗西法古说："如果你要得到仇人，就表现得比你的朋友优越吧；如果你要得到朋友，就要让你的朋友表现得比你优越。"很简单，因为当他们觉得自己更优越时，就会有一种被重视的感觉；而反过来，你若表现得比你的朋友优越，他就会产生一种自卑情绪，就会羡慕和嫉妒。学会压低自己，恭维别人，这是一种装傻的智慧，是获得人际关系的重要手段。在交往中，任何人都希望能得到别人的肯定性评价，都在不自觉地强烈维护着自己的形象和尊严，如果你的谈话过分地显示出高人一等的优越感，那么无形之中是对他的自尊和自信的一种挑战与轻视。聪明人则会让自己"低人一等"，巧舌如簧地让对方自己感受到自己的优越，从而让对方接受自己。

那么，在沟通中，我们该如何满足对方的虚荣心呢？

1.承认对方的能力

一位成功人士说："为他人叫好，并不代表自己就是弱者。为对手叫好，非但不会损伤自尊心，相反还会收获友谊与合作。"同时，这也是一种心理策略，任何人都爱听赞美与肯定的话，我们承认对方的能力，有利于消除对手的戒备心，甚至有利于我们从对手那里获得经验教训从而提高自己，在不断提升和完善自我之后，我们赢得对手就理所当然。

2.放低身份，表现自己的良好修养

这一点，在与比自己身份低的人说话时尤为重要。偶尔说一说"我不明白""我不太清楚""我没有理解您的意思""请再说一遍"之类的语言，会使对方觉得你富有人情味，没有架子。相反，趾高气扬、高谈阔论、锋芒毕露、咄咄逼人，容易挫伤别人的自尊心，引起反感，以致他筑起防范的城墙，从而导致自己处于被动境地。

3.多说恭维话

例如,对他人渊博的学识表现出敬佩的样子,这不仅让他们狂妄的心理得到满足,也会为了表现自己而向我们传授更多知识。

西方有句格言:"请用花一样的语言说话。"为此,在与人沟通时,如果你想获得成功,就不妨多说些满足对方虚荣心的话,使你的语言像花一样绽放,让对方心情愉悦起来,与你进行一个很好的交流,为沟通成功奠定一个好的基础。

侧耳倾听,给对方畅所欲言的机会

在人际交往中,侃侃而谈确实可以吸引别人的目光。但有的时候,你的侃侃而谈却并不能得到别人的好感。由于你喋喋不休地说个不停,没有给对方留下一点说话的空间和余地,这样的情况下,你同样不会受到对方的欢迎。其实,有时候当一个最好的倾听者更能够赢得对方的好感,给予对方畅所欲言的机会,认真倾听对方的发言,让对方对你表露他的想法,也可以让自己更好地抓住对方的心理,了解对方的思想和需求,有利于和对方友好地相处下去。

有时候,在人际交往中会遭遇尴尬,当自己在那里兴致勃勃地侃侃而谈时，不但没有吸引对方的注意力，对方反而把精力放在其他的事情上，这个时候说者会特别尴尬，不知道是应该立刻停止，还是要一直这样说下去。针对许多人的这种困惑，心理专家给出了明确的回答："若你遭遇这个尴尬时刻，说明你的话题并不是对方关注的兴趣所在，对方不在乎你在说些什么，或许你的这些想法和对方根本就没有任何关系，这个时候一定要停下你的话语，给予对方开口说话的机会。你默默地倾听对方的话语，让对方对你说出心里话，同样可以收获好的人际交往关系，最重要的是你给予对方畅所欲言的机会，满足了对方的心理需求。"

有一次，孟翔去参加小学同学聚会，在聚会中见到了许多好多年都不曾联系的同学，大家都有了特别大的变化，有的人成立了自己的公司，有的人拥有了自己的工厂，有的人在学校当了老师，有的人在公司上班……大家在各行各业工作，所以你一句我一句地聊了起来。

孟翔还见到了小学时最好的朋友林小海，孟翔见到林小海显得特别激动，林小海也表现得很亲热，于是两人便坐下聊了起来。孟翔不停地向对方诉说着自己这么多年来的经历，当他说到自己最有成就感的事情时，他以为林小海会向他投来崇拜的目光，但是对方一直转着手里的饮料，对于孟翔的话没有一点反应。这时孟翔感觉自己很尴尬，同时也意识到这是因为自己只顾自己说话,没有顾及对方的感受,也没有询问过对方的状况。于是,他对林小海说:"之前听说你在餐饮方面做得特别棒,现在已经有好几家分店了吧。从小我便看出来你绝对是个干大事的人,我确实看对人了。"林小海一听孟翔问及关于自己的事情,还夸奖了自己,于是便放下手中的饮料,兴致勃勃地和孟翔谈起这几年他在餐饮业打拼的重重困难,孟翔默默而认真地倾听着,还不时地点头,表现得非常欣赏对方,林小海就这样一直说完了自己的全部经历。

同学聚会结束后的一天,林小海给孟翔打来电话,对他说:"我现在手上有个特别好的项目,一起投资的话,百分之百会得到丰厚的收益。如果找别人和我一起干,不是很放心,对你我绝对信任,你能默默地坚持那么长时间听我讲自己的经历,我确实很感动,你是一个值得我交往一辈子的好朋友。"

孟翔考察了林小海说的那个项目之后,感觉前景确实很好,于是便投了资,一年之后投资项目圆满上市,两人都大赚了一笔。

这个事例中的孟翔是人际交往中的聪明人,他能够马上察觉出对方是否对他说的话题感兴趣,从而及时地改变自己的做法,由自己的侃侃而谈转为默默地倾听,在倾听的过程中他更多地了解了对方的经历,从对方情绪的变化中抓住了和对方交往的正确方法。他的倾听直接令对方产生好感,之后对方找他一起投资好的项目,也是基于他能够倾听,对方信任他的人品,才主动和他密切交往,也才会带给他财运。所以当我们自己遭遇到这样的情况时,最好能及时打住自己的话语,让自己转换角色,成为全世界最好的倾听者,这样会让你得到意想不到的结果。

如果你面对的人说话滔滔不绝,丝毫不给你说话的机会,这时你也不要急于表达自己的想法,而应让自己保持冷静,转换自己的谈话方式。其实倾听别人说话比你说话更能够充分了解对方的想法,也会让对方心生好感,把你牢记于心。

第7章
批评的话要点到为止，正向沟通不伤人

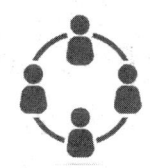

有位心理学家曾说过："一个批评与被批评的过程是批评者和被批评者在思想、感情上的相互交流与认同的过程。"的确，批评是一门学问，如果批评时言辞不当，有可能造成一些无法意料的后果。所以，生活中的我们，不要一批评起他人来，就猛下"虎狼之药"，怎么难听怎么说，这样的话，任谁听了都不高兴，甚至还会对你怀恨在心，这就需要你掌握批评的语言艺术。

把握分寸，批评别太过火

每个人都是有自尊心的，心理学家指出，批评是件并不舒服的事情。在这个过程中不仅被批评者难受，同样，批评者心理压力也很大。而实际上，批评的目的不是把别人说得体无完肤，而是改正错误。因此，我们在表达批评时，让别人意识到错误就可以了，千万不要纠缠个没完没了，引起别人的怨恨。

小李今年才28岁，就当上了一家私营企业的中层领导，究其原因，小李会说话是重要因素之一。她不仅会夸人，更重要的是，还会得体地批评人。小李批评人时，不但让人感觉不到敌意，反而让人如沐春风，哑然失笑。

一次，小李手下有个姓张的程序员请假，理由是：外祖母过世，需参加葬礼。小李对自己部门的人了如指掌，她清楚地知道每一个人的家庭情况，像这个小张，明明外祖母健康得很，而且今天中午，小张的外祖母刚好来公司找过他。

虽然感到受了愚弄，难免有点想发脾气，但小李还是冷静下来。等心情平复后，她找来小张，笑眯眯地问道："你相信人会死而复生吗？"

小张如坠入云里雾里，不明所以地回答道："不信。"

这时，小李意味深长地笑着说："跟你不一样，我可相信人会死而复生。你外祖母昨天刚刚过世，这不，今天中午又来看望你了！"

小张低下了头偷笑，然后不好意思地说了句："对不起。"

不久后，又发生了另一件事。小李给下属们布置了一个"作业"，让大家对业内知名人士的IT理论发表看法。属下们的稿子收齐以后，小李给其中一人写下了这么一段评语："总分100分，给你10分。其中抄工6分，末尾的几句评论4分。其余90分都不属于你。"原来，这个下属的稿子中，绝大部分都是引用这位IT人士的理论和语录，少有自己原创的见解。

稿子被打回来后，那位下属看到这样幽默的评语，惭愧之余，更多了几分努力，且更加尊敬小李这个女上司。他马上补了一篇完全原创的稿子交给小李。

事例中的领导小李是个深谙批评艺术的人，她的批评方法值得我们学习。的确，批评，是一件严肃的事情，委婉含蓄，点到为止，使被批评者心领神会，回味无穷，在轻松、活泼、愉快的笑声中接受批评教育，认识自己的缺点和错误。

因此，我们的批评是否是成功的，很大程度上取决于你对批评的"度"的把握，没有人喜欢被批评，不要相信"闻过则喜"。如果你一味地指责别人或者简单说明你的看法，你将会发现，除了别人的厌恶和不满外，你将一无所获。然而，如果你能够让对方感觉到你是来解决问题和纠正错误的，而不是仅仅来发泄你的不满，你将会获得成功。这里有几点小建议。

1.不要在众人面前批评

被批评是他人对自己的一种否定，因此，没有人喜欢被批评，更没有人喜欢被当众批评。这种否定，越是被第三者看到或者听到，被批评者越是无法接受。因此，从被批评者的面子角度考虑，我们要尽可能地避免第三者在场，更不要把门大开着，更不要生怕没有人听见你正在批评人似的。在这种时候，你的语气越"温柔"越容易让人接受。

因此，即使是批评，你也一定要与对方直接交涉，尽量以私密的形式传达。如果你希望批评能够产生效果，绝对不可让对方的自我产生反抗。因为批评的目的是获得良好的结果，而不是要让对方的自我受挫。

2.在犯错的地方要加重语气多强调

当你发现别人的错误之后，不妨在犯错的地方加重语气，多强调几遍。这样，引起对方的注意，便会和自己进行比较，很明显他的错误就凸显出来。这远比你直接指出来要高明得多。你没有直接指出对方的错误，也不会引起别人心理上的抵触情绪。这样，既让人知晓了自己的错误，又不至于伤害彼此之间的情感。

3.自言自语，不经意地说出小不满

人们都不太容易接受直接的指责，所以你在表达自己不满情绪时，以一种无意的心态说出，更容易让对方接受。例如，你觉得这件事对方做得不对，就对自己讲，让对方听。因为没有针对性，所以没有攻击性，自然就不会有反击，但是却有暗指对象。一般面对这种情况，对方更容易从心理上意识到你对他的不满情绪。

4.为对方提供明确的解决问题的方法

任何批评，如果只是为了批评，那么，便是无效的。令人心服口服的批评，也必当是建立在指点迷津的基础上，你要告诉对方错在哪里、该如何改正等，一定要他明白：你不是想追究谁的责任，只是想解决问题，而且，你有能力解决。

我们要知道，人的内心有一个自我评判的机制，当犯了错误的时候，会受到良心的谴责。这时候，内心更渴望别人的谅解，以及迅速地走向正确的路。如果你能点到为止，则会让对方觉得你很尊重他；如果你毫不留情地指责会引起对方内心的抵触和对抗，还有可能在逆反心理的作用下，坚持自己的错误。这与批评教育的目的大相径庭。

批评前先赞美几句，对方更易接受

如果一个人一开始就劈头盖脸地对你一番指责，那你会高兴吗？相信肯定不会。但是，如果一个人在批评之前先给你一番赞扬，褒贬结合，相信你会更容易接受对方。因为每个人都喜欢被赞美，即便是做错的时候，他也希望你能顾及他的优点。所以说，在社交中我们一定要利用好人们爱被赞美的这一心理，进行顺畅的沟通。一位管理大师说过："当我们想改变别人的时候，为什么不用赞美代替责备呢？纵然别人只有一点点进步，我们也应该赞美他，只有这样才能激励别人，不断地改进自己。"

某公司以制度森严著称，公司内禁止裙带关系，因此所有的员工都要靠正常的渠道通过了笔试、面试才能被录用。

但这天，公司的李总却给人事处的张宇出了个难题。

李总："张宇，新一期的校园招聘已经开始了吧。我有个堂妹今年刚大学毕业，正想来我们公司发展。到时候我让她来跟你打个招呼，你就通融一下吧。"

张宇听了这番话，心中一沉，一时不知该如何回答。如果断然拒绝，自己以后在公司的日子肯定不好过；可是给李总开了后门，一旦被查出来，可能自己的饭碗就不保了。

思索片刻后，张宇诚恳地说："李总，我们公司的制度之所以比其他的公司完善，得益于您和其他上级的共同制定。要不然我们公司这几年的发展也不会这么井然有序，其中您的功劳最大。我相信您也很愿意以身作则。再说，像您这么优秀的上级，您的堂妹肯定能力也不差，您让她按我们公司正常的程序来应聘肯定没问题。"

李总一听，知道张宇也是出于维护制度的需要，而且张宇在劝说中不忘夸奖一番，李总听了自然很受用，因而只好对张宇说："张宇，你说得很有道理。就按你说的，让我堂妹到时候来公司应聘吧。"

人人都喜欢听赞美的话，任何时候都要经常讲一些赞美别人的话，而且是真诚地赞美。赞美的力量是非常大的，它会鼓舞一个人的士气，会让一个人心甘情愿地做一件事情。所以，当你想指正他人的错误或者批评他人时，别忘了从称赞与真诚的欣赏开始。

赞美一个人是有讲究的，不是违心地说大话，也不是一味地拍马屁，如果把握不好尺度，即便在批评之前说了赞美之词，那也是无用的。

1.批评时的赞美要真诚

人们希望得到赞赏，但赞赏应该能真正指出他人的长处和优势。也就是说，人们希望你的赞赏是你思考的结果，是真正把他们看成值得赞美的人，并花费了精力去思考才得出的结论。真诚的赞美要有一定的前提,失去前提,真诚便无以寄托。

2.批评时的赞美要有理由

赞美对方是需要理由的,我们不可能凭空地制造一个点来赞美他,这个点一定是我们能够赞美的点,要有一个充分的理由来赞美对方。这样的赞美他才更加容易接受,这样的赞美他才能从内心深处感受到你的真诚,即使这是一个美丽的谎言,对方也会非常喜欢。

3.批评时的赞美要适度

过度的赞美,空洞的奉承,都会令对方感到难以接受,甚至感到肉麻、讨厌,结果适得其反。只有适度的赞美才会令对方感到欣慰。适度因人、因时、因事、因地而异,需要不断摸索积累,逐步掌握。

有时,过分严厉的批评不但不会改变事实,反而只能招致愤恨,使情况进一步恶化。但当我们听到他人对自己的优点加以称赞之后,再去听一些不愉快的话,情形自然就会有很大不同,心里自然也觉得好受一些,也容易接受批评。

表达出你的爱和担心,让批评也温暖

我们都知道,人人都不喜欢被批评和责备,心理学家表示，人在受责备之后，会产生抵触和对抗的情绪，甚至还会有逆反的心理，但是，如果我们知道对方批评我们是为了我们着想，是希望我们有更好的表现，那么，内心的抵触和对抗情绪就会大大地降低。可见，在批评别人时，我们要善于把关怀和爱表达出来，温暖对方的心。

在生活中，这样的情景我们常常看到：孩子平日里不会照顾自己，什么事情都要依靠父母。母亲批评他说："你都是大小伙子了，为什么不自己学着做饭、洗衣服呢？你看看你整天脏兮兮的，多丢人啊。"孩子一副无所谓的样子。母亲语重心长地说："你不学习着照顾自己，将来离开我和你爸爸以后，该怎么办啊？你这个样子，哪个女孩子能看上你啊！"孩子惭愧地低下了头，从那以后，男孩主动学习照顾自己。母亲为男孩的担忧，深深地触动了他的心。尽管是在表达批评，但是却在传达爱和温暖，因而取得了良好的效果。

心理学家研究表明：人对"爱"往往表现出欢迎和接纳，尽管这种"爱"表达的方式是批评和责怪，内心也会备感温暖，而不至于产生对抗和抵触的情绪。相反，如果与被批评者没有了这层"关系"，那么就会遭到对方的心里对抗。由此可见，在批评别人的时候，不妨说出对对方的担忧，表达出对对方的"爱"和"关怀"，从而更好地达到批评的目的。

战国时期，赵太后宠爱小儿子，不愿让他去齐国当人质。

这天，左师触龙走上前，说："我一直担心太后的玉体欠安，所以今日特来看望。"触龙向赵太后请求道："我的小儿子最不成才，可最得我的疼爱。我恳求太后让他当一名卫士。"

赵太后说："真想不到你们男人也疼爱小儿子呀！"触龙说："恐怕比女人还厉害呢！"太后不服气地说："还是女人更爱小儿子。"触龙见时机已到，说："老臣认为您爱小儿子爱得不够。"他说："想当初，您送女儿远嫁燕国时，希望她的子孙相继在燕国为王。这才是真正的爱。"

太后信服地点了点头，触龙便接着说："您如今虽然赐给长安君许多土地、珠宝，但如果不让他有功于赵国，长安君能自立吗？"触龙这番话说得赵太后心服口服。她立即命人为长安君准备车马、礼物，送他前去齐国当人质。

触龙一开始并没有直接说要劝谏，而是在聊天之中，动之以情，说出了赵太后的担忧，尽管是在批评赵太后，但是却是在为她设身处地地考虑。最终，赢得了赵太后的欣赏。

心理学家研究表明：在人的内心，对自己是非常忠诚的，对于来自他人的反对和批评，会产生强烈的抵触和抵抗，会认为你不了解他，反过来，假如你能站在对方的角度，设身处地地为他考虑，他会愿意接纳你，认为你很温暖，抵触的情绪自然会消除。基于人们的这种心理，在表达批评的时候，不妨动之以情，设身处地地为他人着想，说出对方内心的担忧。

林太太的女儿十几岁了，这天晚上，孩子一晚上没回家，她和丈夫非常着急，四处寻找，结果没有任何人知道她的下落。第二天，当女儿走进家门之后，林太太二话没说，走过去就是一记耳光，当天晚上，林太太罚她不许吃饭。到了午夜，林太太打开女儿的房门，面对惊恐不安的女儿，她端来了自己亲自下厨做的鸡蛋面，摸了摸女儿的脸，问："还疼吗？"女儿摇了摇头，林太太说："赶紧吃了吧，别饿坏了身体。"顿时，女儿哭着喊道："妈妈，我错了。"

这里，如果林太太没有为女儿做饭，可能女儿会恨她一辈子。她的关怀让内心委屈的女儿得到了适当的安慰，怨气顿时烟消云散。

那么，究竟如何才能在批评的时候表现出为对方担忧呢？

1.在事情的后果上多考虑

既然做错了事情，那么结果一定不是很好。在表达批评的时候不妨在事情的结果上多考虑一些，这样往往能让你的批评显得温暖些，对方觉得你是在为他着想，内心的抵触情绪也会减弱很多。例如，你的家人不小心撞伤了人，你表达的时候不妨说："你说这个事情到底怎么办才好呢？你怎么不小心一点。"

2.对对方的前途表示表担心

俗话说："人无远虑，必有近忧。"别人犯了错误，对他的成长和发展或多或少地会有影响。因而，在表达批评的时候不妨在对方的前途上表示担心。例如,母亲批评孩子不专心学习,要这样说:"你现在不好好学习,我看你将来要去干什么啊!"是在表达批评,但是却饱含温暖和关爱。

3.以亲人的期盼为由

人往往对亲人的情感很深。如果做事情对不起亲人,良心会受到谴责。这时候,在表达批评的时候,不妨把亲人拉进来,以亲人的期盼为由头,促使对方改正和进步。

巧妙引导,让对方认识到自己的错误

在心理学上,有个这样的实验:让两个老师分别去指导学生改正作业中的错误。第一个老师对学生说:"你这样做是错误的,你应该那样做。"尽管老师讲得很认真,可是最终学生还是没有学会。第二个老师则没有这么做,而是从根本上分析学生为什么做错了,但是却从来没有说学生的做法是错误的。结果,很快,学生就学会了。

同样是帮助学生改正错误,两个老师采用的方式方法不一样,结果也完全不一样。这究竟是为什么呢?在这里,心理学家做出了解释:每个人都有虚荣心,都不愿意自己被否定。否定往往会激起他人的逆反心理,本能地产生抵触情绪。这种潜意识的抵触会阻挠接受。相反，巧妙地诱导别人自己去认识错误，不被否定，内心中便没有抵触，接受也就很快了。基于人们的这种心理，在批评教育的时候，不要轻易去否定别人，而要巧妙地进行引导和暗示，让对方自己认识到错误，这样，才能更好地实现教育的目的。

其实，这样的事例在生活中还有很多。例如，如果你是某公司的销售主管，你发现最近一段时间内，公司的销售业绩一直不是很好，你知道问题出现在销售人员身上，但你也不好直接批评他们，对此，当他们把原因归结为前半个月是促销期的原因时，你可以再继续问："对，前半个月是促销期，那么除了这个原因之外，你认为还有没有其他的原因呢？"销售人员说："其他，我感觉好像这几天没有以前那么有信心了。"此时，你就应该继续抓住机会问："是什么原因导致你信心下降呢？"

只要你能坦诚地用心与对方交流，让对方自己认识到错误其实并不难。

由此可见，批评他人，哪怕是正确的批评，也一定要考虑对方的心理，要善于应用对方能接受的方式来表达。而在批评他人时，选择将错就错、让对方自己领悟自己所犯的错误的方法，无疑是一种效率极高的批评方式。

那么，究竟如何巧妙诱导，让对方自行说出错误呢？

1.做正确的范例来衬托对方的错误

人都不愿意承认自己比别人弱,即使是自己真的做错了,也不希望别人说。这时候做个正确的范例,让对方在看到正确的做法的同时,意识到自己的错误和不足。不用你再多说什么,对方自然在比较中清楚地看到差别,你的做法是对的,那么他的做法就是错的。这远比直接指出对方的错误要高明得多。同时,也不会引起别人的不满和抱怨。

2.表现出冷漠,暗示其自我反省

在人际交往中,如果对对方有不满情绪,那么不妨表现得冷漠些,使对方意识到问题的存在,从而更好地在自己身上找毛病,暗示对方进行自我反省,改正自己的缺点和毛病。当然,并不是所有人之间都能用冷漠来表达不满,一般情况下,在亲人或者是亲密关系之间比较合适,因为他们能感受到你的情绪,感受到你热诚和冷漠。

可见,在批评他人的时候,顺势而为,就会产生一种加速度的作用力,相反,产生的往往是阻力。就像是一个正在上坡的人,如果给他喊加油,就相当于是向上拉一把,可以让他更容易地越过陡坡。相反,如果是讥讽和打击,则往往会让他泄气,出溜到坡底。如果你是一个深谙批评艺术的人,就要努力去满足他人的这种心理需求。

巧用反问句,让对方领会我们的意思

所谓反问句,就是用疑问的句式,表达肯定的意思。从表达形式来看,反问句首先是疑问句,但是反问句里已经蕴含了肯定且唯一的答案,因而,反问句的语气通常非常强烈,能够引起听话人的足够重视,甚至引起其反思。很多情况下,反问句更多的是明知故问,相当于把肯定的意思以强力的疑问语气进行强化。例如,你觉得这件事可行吗?!显而易见,说话人一定认为这件事是不可行的。这句话,代表着质疑,也代表着强烈的斥责。当然,通常情况下反问句是不带有斥责情绪的,只是一种观点的表达。

在说服他人的过程中,如果我们觉得肯定的陈述句无法引起对方的重视,或者在批评对方的时候,直接的批评指正没有强烈的效果,那么就可以采用反问句。一般情况下,反问句用问号作为结束,当感情强烈的时候,也可以问号和感叹号连用,从而表达强烈的语气。从表达效果来看,反问句更富有力量,感情色彩也更加坚定鲜明。在说服他人时,对于他人的错误观点,如果我们想表示否定,又不想直接否定,便可以直接以反问句的句式反问一遍。这样一来,对方自然会有自知之明,知道我们的明确意思。

因为闹闹奶奶带着大伯家的两个孩子,所以从闹闹出生开始,就是姥姥姥爷带大的。最近,姥姥姥爷要装修房子,就提前回老家准备。为此,妈妈只得辞掉工作,成为一名家庭妇女。不想,刚刚进入暑假没几天,奶奶就从老家打来电话,问妈妈:"闹闹妈,放暑假了,你哥哥家的两个孩子在家里也无聊。你说,我给他们买票,把他们送到你那里行不行?你反正也没上班,还可以辅导他们学习。"妈妈一听就不高兴了,说:"我虽然不坐班,但是还做着兼职挣钱呢。我每天忙得连给我妈打个电话的时间都没有。而且,我也辅导不了他们俩的学习。"这时,奶奶丝毫没有领会妈妈的意思,继续说:"不辅导学习也没关系。你只要给他们饭吃,让他们自己玩就行了。"妈妈实在不知道应该怎么表达自己的想法,也不好意思直接说透,只好先挂断电话。

晚上,爸爸下班回家了。妈妈和爸爸说起奶奶的电话,爸爸也有点儿不乐意,说:"你本来干着兼职再带孩子,已经很累。再来两个孩子,你肯定吃不消啊。"妈妈无奈地说:"谁说不是呢,但是看你妈的样子,似乎挺想让他们来的。"爸爸说:"你别管了,我吃完饭给她打电话。"吃完饭,爸爸打了个电话给奶奶。电话里,奶奶似乎依然坚持让她的大孙子和大孙女来城市开开眼界,爸爸劝说无果,只得加重语气说:"闹闹从小您就没带过一天,现在闹闹妈妈带着一个,您还要再送来两个,她还要工作挣钱,您觉得合适吗?!"这句话显然分量很重,奶奶极不情愿地说:"那就算了吧!"

在这个事例中,奶奶不但没有帮忙带闹闹,反而还要再送两个孩子来过暑假,难怪妈妈和爸爸都不乐意。毕竟,一个人带三个孩子,不是想带就能带的。看到奶奶顽固不化、坚持己见,爸爸刚开始还好言相劝,最后只得扔下一句情绪强烈的反问句,表达了自己的坚定态度。至此,奶奶才偃旗息鼓,不再想着再送两个孩子和闹闹"大闹天宫"。

反问句的效果,远远比陈述句要好,虽然它们表达的意思是一样的,但是反问句的情绪更为强烈,表达的意志更坚定不移。在好言好语劝说他人无果的情况下,反问句并非是指责,但是却能让对方很好地感受到我们的情绪,从而重新斟酌考量,不失为劝说他人的杀手锏之一。

第8章
把握好气氛，沟通的愉悦性决定沟通效果

生活中，人们都希望自己能够被人喜欢、被人接纳。可是很多时候，我们并没有做好这样的准备去热情地迎接和接纳别人。但是，如果让对方感觉到我们不热情、不真诚，那么势必会影响沟通。这时候，我们就要说一些活跃气氛的话，当对方感受到来自你的真诚和热情后，沟通之门就会为你打开。

语言幽默，学习相声中逗哏和捧哏的交流技巧

喜欢听相声的人都知道，在对口相声中，有逗哏和捧哏之分。所谓逗哏，就是在相声演出中占据主导地位，不停地说出让人发笑的话题或者故事情节，主导对口的节奏，把控对口的气氛，从而嗨翻全场的人。和逗哏相对应的，就是捧哏。所谓捧哏，顾名思义，就是配合逗哏的人，让观众忍俊不禁，哈哈大笑。捧哏主要是配合逗哏，起到烘托、铺垫的作用。只有捧哏到位，逗哏才能更好地发挥。因此，虽然捧哏从戏分上来说没有逗哏重要，但是两者却是相辅相成、互为铺陈。一场成功的相声演出，必须逗哏和捧哏密切配合，心有灵犀，才能组成诸多包袱，抖出更多笑料，让观众朋友不停地欢乐开怀。

无论我们是不是相声爱好者，我们都应该学习相声中逗哏和捧哏的交流技巧。归根结底，生活中的每个人都离不开语言的交流。只有会说话，把话说好，人际交往才会更加顺畅。尤其是在现代社会，不管你是家庭煮夫还是家庭主妇，也无论你是不是职场人士，都离不开和人打交道。举个最简单的例

子，作为母亲，和孩子交流也需要技巧，和爱人沟通也需要调节气氛，和父母也要沟通到位，感情才能更深厚。其实，在日常交流中，普通人也可以使用逗哏和捧哏的技巧。尤其是和朋友在一起轻松相处时，逗哏和捧哏更容易让大家捧腹大笑，欢声笑语不断。总之，我们在和人交流时，应该学会尊重他人，做出恰到好处的回应。如果你有这样的体验，你一定知道及时回应他人多么重要。当你和他人说话时，对方明明听到了你的话，却听若未闻，会让你感到受到侮辱，感到屈辱和愤怒。的确，被他人忽视或者藐视，是一种非常不愉快的体验。既然如此，在人际交往中，我们一定要及时回应他人的话，即使不是提问，也应该给予恰当的反应。这样既是尊重他人，也是尊重自己。

这天晚上，乔治在家里举办了一次聚会，他要好的朋友、同学、同事等，全都欢聚一堂。在一个小圈子里，乔治正与大家海阔天空地聊天。这时，莉莉走过来，对乔治说："亲爱的，厨师要下班了。"原来，为了这次聚会，不擅长厨艺的莉莉特意聘请了一位厨师，来负责整场聚餐的饮食。现在，夜越来越深，厨师看到客人酒足饭饱，想要结束工作，下班回家。不想，乔治正在兴头上，虽然听到了莉莉的话，却不免觉得扫兴，因而只看了莉莉一眼，就再也没理会莉莉。莉莉说完话站在那里，许久没有等到回应，不由得怒火中烧。

她走上前去，站在乔治面前，大声喊道："厨师要下班啦！"乔治看到莉莉愤怒的样子，觉得在朋友面前丢了面子，不由得也气愤地喊起来："你这个蠢女人，没看到我正在说话呢嘛！"就这样，莉莉和乔治大吵一架，参加聚会的朋友都觉得很尴尬。原本尽兴的聚会，因为最后的这点不愉快，最终留下了遗憾。事后，乔治思来想去，觉得是自己刻意忽视莉莉，才导致莉莉恼羞成怒的。因而，他主动向莉莉表示歉意，莉莉却过了很久才原谅他。

在朋友欢聚一堂的场合，作为主人的乔治和莉莉，却没有处理好交流的小问题。尤其是乔治，既然莉莉已经当着大家的面和他说话了，他再听若未闻，的确很不合适。莉莉呢，在一气之下朝着乔治大吼大叫，也丢了乔治的面子。这样的夫妻交流起来只怕经常会发生摩擦和碰撞。中国有句古话，人前不训妻。其实，夫妻之间彼此都应该给予对方足够的尊重，尤其是在人多的公共场合。假如乔治和莉莉能够早一点认识到这个道理，彼此都给对方留面子，及时对对方的话做出回应，那么这次聚会一定会更加完美。

不得不提的是，现代的家庭经常出现家庭冷暴力。如今，很多家庭成员都是有知识、有文化的人。在彼此意见不一致时，他们不再像父母那代人一样歇斯底里地吵架，而是选择沉默。或者丈夫不理妻子，或者妻子不理丈夫，彼此互不搭理。

然而，不在沉默中死亡，就在沉默中爆发。他们的沉默，恰恰导致彼此的矛盾被无言的现状掩饰起来，最终不断恶化。聪明的做法是，夫妻之间产生问题之后，应该积极沟通，这样才能及时解决问题、扭转局势。家庭冷暴力对家庭成员的压抑和伤害是不可估量的，只有采取正确积极的方式应对，才能以最好的方式解决问题。

朋友们，每个人都希望得到他人的重视和尊重。不管是在生活中还是在职场上，当他人主动与你说话时，你一定要讲究分寸，及时给予回应。唯有如此，你们才能拥有好人缘，成为受人欢迎的人。

良好的谈话氛围，使沟通顺利进行

在生活中，我们运用各种方式与人沟通和交流，其实，人际间的沟通是一个相当复杂的互动过程，其中包含很多因素。在众多的沟通方式中，谈话是一种最常用的方式，而谈话的目的是思想、情感的交流和观点、情绪的碰撞。在交谈过程中，人们常常忽视了一个影响谈话的重要因素——良好的谈话氛围。许多人一开始并不注重这个问题，直到谈话真正陷入尴尬之中，才意识到双方的谈话氛围很糟糕，根本达不到谈话的理想效果。

人的思维流程有两个基本渠道：一是独立思想，二是主客交流或刺激产生反应，这是谈话过程中必不可少的。有时候，常常因为谈话氛围的尴尬，使得对方的言谈变得拘谨、僵硬，在这样的状态下，他们很难流露出自己的真实想法，谈的一般都是空话、大话。现在，许多电视台都推出了谈话节目，这其中主持谈话节目的佼佼者——崔永元曾在《不过如此》中写道："好的谈话就像漫步聊天，话题忽上忽下，忽左忽右，却不会偏离主题。一会儿，你是谈话的组织者，一会儿，他是谈话的发起者。有话则长，无话则短，因为轻松所以避免了言不由衷。"如此看来，营造一个良好的谈话氛围对于谈话有多么重要。

崔永元是《实话实说》谈话节目的主持人，据说，他是一个善于营造轻松谈话氛围的高手。他在每次录制节目之前，都要在现场做个热身，或讲故事或说笑话，特别能调节嘉宾的紧张情绪。

有一次，在节目开始录制之前，一个小嘉宾问崔永元："今天谁是主持人？"崔永元回答说："今天的主持人就是我。"没承想，那个小嘉宾说："叔叔，你长得这么难看，还当主持人啊？"听了这话，身经百战的崔永元也感到手足无措，但是，过了一秒，他灵机一动，回过头把刚才小嘉宾的话告诉了现场的观众，与大家一起分享这个尴尬。顿时，现场一百多人都笑了，而且，响起了阵阵掌声，这掌声给崔永元以自信，现场被一种很轻松的气氛包围着，就这样，节目顺利地进入录制阶段。

在谈话中，最忌讳的就是出现尴尬的场面。在这里，崔永元感到了尴尬，他知道，如果自己不说话，那整个交流就会陷入难堪，这会影响到节目的录制。于是，善于调节谈话气氛的崔永元当即把自己的尴尬大方地讲出来，与现场一百多人分享自己的难堪，这表面上看上去很愚笨的方式，却赢得观众的阵阵掌声，在那一瞬间，轻松的气氛又回来了，使整个谈话节目得以顺利进行下去。

那么，什么才能算是良好的谈话氛围呢？一般而言，良好的谈话氛围是轻松而随意的，你三言我两语，没有防备，没有顾虑，每一句话都是发自内心的。在交谈过程中，我们可以通过以下几种方法来营造良好的谈话氛围。

1.真诚地融入谈话中

不管你是身居高位还是普通老百姓，在与他人进行谈话的时候，不要有任何附带的角色，不要因为你身居高位就表现得很嚣张，也不要因为你仅仅是普通百姓而自卑，我们需要淡化社会角色意识，以真实本色的面目进入谈话中，这样，才能表达出自己最真实的思想感情。

2.以"点"为契机

由于我们所面对的谈话对象的地位、身份、职业、年龄、性别、学识的不同,势必需要我们以不同的方式、手段来营造一个对方最容易接受的轻松的谈话氛围。而这个良好的谈话氛围需要以"点"为契机,这个"点"可以与话题直接相关,也可以与话题间接呼应,有时候,原本是一个很严肃的话题,往往可以从最轻松的"点"入手。

3.言辞诚恳,表现自己的亲切感

在谈话过程中,表现出亲切感是被他人接受的前提,因为亲切感可以消除对方的紧张情绪,从而消除交流中的障碍。当然,亲和感来自诚挚的态度,在谈话的时候,我们应该保持诚恳的言辞、亲切平易的心态,这是获得他人认同的必要条件。

4.适时幽默

幽默是顺利进行谈话的"润滑剂",不过,有时候,你的幽默却得不到他人的回应,这时,你需要考虑幽默是否适时。在交谈过程中,具备幽默感是一种能力,而运用幽默、适时幽默则是完成双向交流的另一种本领。幽默本身是最能营造和谐、轻松、理想的谈话环境,而且幽默并不是讲笑话这样简单,而是一种良好心理素质的直接反映。

良好的谈话氛围对于达成谈话目的有很好的促进作用,毕竟,谈话的目的是交流思想感情,这都需要双方说出自己最真心的话语，而轻松的氛围能让人卸下伪装与防备心理，从而进入一种随意的谈话场景，这样一来，就不会产生"言不由衷"的情况。

求人办事，语言亲昵令对方不好拒绝

在日常生活中，小孩子和女人最擅长的就是撒娇，往往在撒娇之后，他们都会获得自己想要的东西，这也是一种求人办事的说话技巧。当然，通常情况下，撒娇只会出现在亲密的朋友之间或夫妻之间，而且，这样的说话方式常常是被小孩和女人所使用，我们没有见过一个大男人通过撒娇来获得帮助吧。而且，通过言语表现出自己的亲昵，以一种撒娇的姿态令对方效劳，还需要拿捏好适当的度。

例如，女秘书希望总经理能够帮自己查看一下年度总结，只要稍微示弱就可以了："总经理，我怕自己弄不好，你先帮我看一看，好吗？"没有必要真的用那种极度"黏人""娇嗔"的语气说出来。因此，我们在求人办事的过程中，只需要适当表现自己的亲昵，对方自然会乐意帮忙的。

在商业谈判中，面对客户，签单并不是一件容易的事情，但却不是真的不好商量。适当亲昵一些，客户很有可能会乐意为你效劳。例如,聪明的女士可能会夸张对方的强势,突出自己的难处:"已经没有利润了,您吃肉,让我们也喝点粥嘛。"

我们在实际沟通的时候,如何通过话语表现出亲昵呢?

1.亲切问候

见到对方我们应该致以亲切的问候,拉近彼此之间的心理距离。例如,"老杜,您好"显得亲切;"您早""早上好"比"您好"显得更为亲昵。沟通过程中,亲切的问候可以赢得对方的信任与好感,继而愿意为你效劳。

2.攀亲带故

赤壁之战中,鲁肃见到诸葛亮时说的第一句话就是:"我,子瑜友也。"这里所说的子瑜,就是诸葛亮的哥哥诸葛瑾,鲁肃是他哥哥的同事挚友。短短一句话就定下了与诸葛亮的交情。其实,我们只要稍微留意,就能发现那些攀亲带故的关系,例如,"您是体育界老前辈了,我爱人可是个体育谜;您我真是'近亲'啊。"

3.表达自己的仰慕之情

在谈话过程中,表达出自己的仰慕之情,也可以表现出"亲昵"的意味,当然,这需要掌握说话的分寸,如"您的大作我读过多遍,受益匪浅,想不到今天竟能在这里一睹作者风采,真是太荣幸了!"这样一说自然会令对方心情愉悦,再提出诉求,就不怕被拒绝了。

有时候撒娇是一种策略上的示弱，使自己变为主动，最终达到自己的目的。但是，需要把握好尺度、技巧、方式，不是暧昧，不是谄媚，这样才能达到最好的效果。

把握分寸，说点软话

小林毕业后进入一家小公司实习，经理为了考验小林的实际工作能力，就让他做一份策划书。当小林做好策划书拿去给经理看时，经理却只是摇摇头说了一句："再改改吧。"小林当时很纳闷，可又不好意思再多问就走出经理办公室，刚一出门就碰到这家公司的元老级人物——谢主管。

谢主管就笑着问："小林，是不是策划书没有通过呀，要不要我帮帮你？"小林没好气地来了一句："就你，还是算了吧！"头也不回地走了，此后好几次小林把改好的策划书拿去给经理看，但都被经理否决了，小林越发郁闷，这时候他想到了谢主管。

小林来到谢主管的办公室门口，犹豫了半天，还是敲了门。进去后，谢主管一看是小林就冷冰冰地说了一句："林大学士，找我有何贵干呀？"小林一听，心想现在自己有事求人家，怎么也得说点软话吧。

于是小林就笑着说:"谢主管,您看您也是我们公司的老前辈,在策划这方面又是把好手,您就帮我看看我的这份策划书吧,帮我指点指点迷津。"谢主管听完后不屑地笑了笑,说:"你可是名牌大学的毕业生呀,像我们这种没什么学历背景的怎么能和你比呀,更别提指点了,不敢当呀!"小林听后心里很不是滋味,但停了一会儿还是开口说:"谢主管,我知道您虽然学历不是很高,但在实践这方面您可比我们这些刚出茅庐的傻小子强很多呀!您老人家就帮帮我呗,您现在就是我师父,师父在上,请受徒儿一拜!"说着小林还深深地向谢主管鞠了一躬。

不论是在职场还是在生活中我们都要学会服软,学会说软话。这个世界很大,所谓天外有天,人外有人,不要觉得自己拿了名牌大学的文凭就可以只身闯天下,永远不要忘了知识来源于实践,那些书本上的知识也需要在实践中不断地得到完善,遇到自己不能独自完成的工作时要学会向资深人士请教,而在请教中也要注重方法,说服软的话是必需的,可是也要把握尺度,不然服软的请教就会变成献媚。那在现实生活中,我们在说服软的话时应该注意些什么呢?

1.要分清场合

俗话说得好:"见鬼说鬼话,见人说人话。"不错,说话一定要分清场合,尤其是说服软的话。不同的场合相同的话也会产生不同的寓意，如果你的能力确实不如别人，这项工作你确实胜任不了，你需要他的帮助，这时候你就需要服软。也许他的学历没有你高，但他的能力比你要强，这时候你就要说："前辈，你的资历比我深，工作能力比我强，你帮我指导指导！"可是如果这句话不是在办公场合说的，而是在娱乐场所或是宴会上，就会让人觉得你是在讽刺、是在挖苦。

所以，说服软的话也一定要分清场合，不要你自己觉得是在向别人讨教，而在别人看来却是在讽刺、挖苦。

2.要摆正心态

不要觉得向别人说一些服软的话就是贬低自己，所以在说服软的话时一定要摆正自己的心态。

现在的职场越来越多地被年轻人占据，刚刚毕业的大学生初次进入职场总想着大展宏图，觉得自己有学历，眼里容不下那些没有什么学历只会埋头苦干的人，所以很多刚步入职场的大学生就觉得向那些没有什么学历的同事说服软的话是在降低自己的身价。

事实上并非如此，学会说服软的话也是一种能力，只要你自己摆正心态，服软反而会让你受益匪浅！

3.要注重口吻

我们都知道，不同的话用不同的口吻说出来，就会有不同的寓意。在当今职场上大家都处在相同的竞争环境中，每个人都是敏感而脆弱的，所以我们在向别人说服软的话时一定要注意自己的说话口气。如果你需要一直都不如你的人的帮助的时候，你就要用请求的口吻说"你可以帮帮我吗"，如果你在说这句话的时候用的是一种冷冰冰的口气，那个人会觉得你是在命令他，而不是在征求他的同意。

所以，不论是在生活中还是在职场上，在说服软的话的时候一定要注意自己的口吻，不要因为自己小小的疏忽而错失机会！

表达你的关注，记住朋友的每件小事

情商高的人，连交朋友都不一样。既是朋友，彼此之间肯定会有一些小秘密，诸如某年某月某日，一起去某地方度过了愉快的一天，另外，还包括朋友的生日、朋友喜欢的东西、朋友喜欢的美食等。这些都是朋友之间的秘密，同时，也是维系朋友之间的纽带。如果你连朋友最爱吃的食物都不知道是什么，那么，想必你这个朋友并不太"上道"，如果被朋友无意间知道了你的大意，那么，朋友肯定会对此非常失望。

尤其是小事，事情越小，你记得越清楚，那就足以证明朋友在你心中的位置越重要。相反，如果你连最简单的事情都没能记住，那么，朋友心里肯定会很受伤，觉得你并不在乎这段友谊，而彼此之间的关系也会逐渐疏远。所以，要想打动朋友的心，就要让朋友觉得他在你眼里很重要，而比较恰当的方法就是：努力记住所有关于朋友的小事。

小王的朋友很多，令人感到奇怪的是，他好像与每个朋友的关系都极为密切。对此，有人好奇地问道："你是如何打动朋友的心？"小王笑呵呵地说："其实，秘诀很简单，我总是努力地去记住关于他们的一些小事，如很久前的一天我们一起去餐馆吃了一顿大餐、去年夏天我们一起去旅行了、前年冬天他送了我一件特别的礼物。可能，我并不知道朋友家的具体住址，但是，我能记住这些事情，那就表明他在我心里的位置很重要，自然而然地，就打动朋友了，彼此的关系也就更深了。"虽然，小王的话有些令人匪夷所思，但是，他确是用自己的亲身经历证明朋友之间相处的真正秘诀。

这天，小王遇到了三年不见的老朋友，一见面，彼此就寒暄，小王脱口而出："好久不见，老朋友，记得三年前，我们可就是在这座城市分别的，你走的那一天，我准备来送你的，没想等我赶到机场，你早就走了。这一别，却在三年后的今天才相见，真是岁月匆匆啊。"那位朋友本来还觉得彼此有些生疏，但一听这话，心里感觉暖暖的，话语里也亲近了不少："你还是这样，记性真好，很多小事情都记得清清楚楚。"小王有些得意起来："那当然了，我记得你最喜欢看世界杯，读书那会，你跷课整整三天，就为了看世界杯，去年冬天，你还打电话通知我看世界杯呢……"几句话一说，两人顿时找到了当年那种亲密的感觉。

小王通过记住关于朋友的一些小事，以此来拉近朋友之间的距离，同时，让朋友感觉到自己在对方心中其实占据着很重要的位置。努力记住所有关于朋友的小事，虽然，这听上去很简单，但是，真正做起来却是一件不容易的事情。毕竟，我们不仅要记住那些小事，而且是用心记，如果你只是马虎了事，难免会张冠李戴，朋友听了自然会觉得失望，彼此的关系也会疏远不少。

另外，事情越小，才越有价值，当你在朋友惊诧的目光中回忆起那件小事，他一定会忍不住惊叹："这么小的事情，你还记得，这么多年过去，我早已经忘记了。"他会这样说，其实也就是心中洋溢着兴奋之情，没有多少人能用心记住别人的事情，你记住了，就是向对方表明你心中一直挂念着这位朋友，如此，就能顺利打动朋友的心。

当然，努力记住所有关于朋友的小事，并不是指你凡事都需要记下来。例如，朋友丢脸的事情，就是不宜记住的，如果你记住了，而且，在某些场合还将它当作谈资说出来，那朋友面上可就挂不住了。

朱元璋当了皇帝之后，一位旧时朋友来巴结，当他讲了一些曾经的趣事之后，却没想到朱元璋勃然大怒，不顾旧时情谊，将那位朋友赶了出去。原来，朋友所讲的事情是朱元璋之前的丢脸事情，自然，这样的"用心"根本不讨好，反而害了自己。因此，关于朋友的事情，要多记住好事，如让朋友脸上有光的事情，还有就是能证明彼此感情的小事，这样，我们才能真正地走进朋友心里，达到打动朋友心的目的。

每个人都希望自己能在他人心中占据一定的位置，朋友也是如此，千万不要认为已经是朋友，就没有必要记住关于他的一些事情。事实恰恰相反，如果你想延续一段较为长久的友谊，则应该努力记住所有关于朋友的小事，这也是高情商的表现。

第9章
打动他人需技巧，沟通更需得人心

　　人与人之间，交往之初，是存在一定的沟通屏障的，也是存在一定的戒备心理的，这就造成我们很难相互信任。古人云：感人心者，莫先乎情。让他人相信我们，在很大程度上，可以说就是情感的征服。那么，如何打动他人？这还需要我们运用一些心理技巧，接下来本章我们将细细分析。

多为他人着想，别做自私自利的人

每个人会面临各种复杂的问题，不仅牵扯自己，还有可能牵扯很多的人，如果你置身其中，只考虑自己的利益，置他人于不顾，那就会极易伤害到对方，换个角度来看，你也是在间接地伤害自己。凡事设身处地，换个角度为他人着想，原本疑惑不解的问题，都可能变得豁然开朗并迎刃而解。如果大家想在人际交往中受欢迎，那就做个为他人着想的人吧，自私自利的人是不会受人喜爱的。

徐敏是某个学校的中学生，她有漂亮的外貌和富裕的家庭，但是她的学习成绩非常不好，尤其是数学，她经常感到不快乐。可是不管怎么努力，她都找不到学习的方法，由于自身性格比较内向，她也不太爱寻求帮助，于是她每天都为自己的数学成绩拖后腿而闷闷不乐。

徐敏很羡慕那些快乐的人。这一天，放学回家的时候，她不自觉地放慢脚步，因为她想趁这个机会观察一下别人的快乐，她想知道怎样才能得到快乐。

一路上，她看到很多开怀大笑或者表情惬意的人，但她还是不明白他们快乐的原因。正在这时，天下起雨来，她收起思绪打开伞匆匆往家里走。

走着走着，忽然看见远处出现一个瘦小的身影，是个老奶奶，这个老奶奶忘带伞了，她一手拿着一个手提袋，一手遮着头急急忙忙地挪着步子。徐敏停下脚步，想：我可不能不帮她啊，万一淋雨得了感冒，多难受。但是回家晚了妈妈会责备我的，怎么办呢？徐敏犹豫不决，她望了望那个老奶奶，狠狠心决定先送她回家。

徐敏连忙叫老奶奶到伞下避雨，原来老奶奶出来遛弯找不到回家的路，恰逢下雨，所以更加忙乱得不知去哪。问清老奶奶的住处，两人就迈开步子向目的地走去。一路上，徐敏还故意把伞往老奶奶那边移，老奶奶没被雨淋着，她自己的半边身子倒被淋湿了。

徐敏把老奶奶送回家，打开门的一刹那她惊呆了，原来这个老奶奶是数学老师的妈妈，当时老师特别着急，一个劲地跟徐敏道谢，老奶奶也对徐敏的善良表示感谢，看到徐敏身上的雨水，大家都非常感动。就在那一刻，徐敏感到了快乐，她明白，原来为他人着想是一件幸福的事、快乐的事。

后来，数学老师跟徐敏的关系越来越近，她经常抽时间为徐敏补课，耐心讲解学习方法，慢慢地，徐敏的成绩不断进步，她的心情也越来越好。

人与人之间的关系都是相互的，如果你懂得为别人着想，那么别人自然就会愿意为你着想。假如做事情总是将自己放在前面，总是做一些损人利己的事，那么时间久了就没有人愿意和你打交道。不管是为了我们自己还是为了整个社会的和谐，我们都需要为别人着想。

如果每个人都懂得换位思考，愿意站在别人的角度考虑问题，就算不能对别人有所帮助，也能让自己更了解他人，更了解问题的所在，不致因偏见发生错误，因误会产生不和。换位思考是改善人际关系的第一步，也是最有效的方法。

做一个为他人着想的人，你需要具备以下几点素质。

1.了解他人的喜好

每个人都有自己的喜好，就像一桌饭菜，有人爱咸，有人爱淡，有人夸咸的入味，有人夸淡的养生。不要勉强别人接受自己的喜好，尽量尊重那些你不理解的东西，就是最大限度地为他人着想。即使那些有"怪癖"的人，和你相处也会觉得轻松愉快。

2.站在对方的角度来看事情

要想真正做到换位思考，你就必须学会站在对方的角度来看事情，以别人的心境来考虑问题，像感受自己那样去感受别人。可惜的是，很多人不会换位思考或很难做到换位思考，他们要么是站在自身的立场上首先考虑自身的感受，要么就是想当然地情绪化地设想别人的感受。

3.为人多一点爱心

"爱人者，人恒爱之"是《孟子·离娄下》中的一句话，这句话讲了一个最简单易懂的互换道理，爱别人的人，人们也会爱他。当人们与他人相处时，都先想到他人，都先想到要奉献自己的爱心，那么每个人付出的只是自己的一份爱心，收获的却可能是千万份爱心。

懂得为他人考虑是一种修为，还是一种礼貌。这样的人，人们会加倍爱戴。反之，则会遭人厌弃。哈佛大学教授反复强调，人际交往中唯一的原则就是站在对方的角度看问题，为他人考虑。

说话投其所好是一种高超的表达技巧

老婆婆要给怀孕的儿媳妇买苹果，走到第一个摊贩前问了一句："老板，你这个苹果酸吗？"老板说："我这个苹果很甜的，一点也不酸。"老婆婆听后便走开了。

走到第二个摊贩前又问："老板，你这个苹果酸吗？"老板回答说："我这个苹果很酸很酸的。"老婆婆听完后，又走了。

老婆婆走到第三个摊贩前再问:"老板,你这个苹果酸吗?"老板不急不慢地说:"老婆婆,你这个苹果买给谁吃啊?"老婆婆回答:"给我怀孕的儿媳妇吃,她喜欢吃酸的,我要多买点给她吃,好帮我生个健康的孙子。"老板说:"对啊,孕妇都喜欢吃酸的呢!我有好多客户是怀孕的妈妈,都喜欢吃我们家的苹果,而且我们的苹果又酸又脆,孕妇最喜欢。"老婆婆看完后说:"好吧!帮我拿3斤。"老板秤完后,又顺便说了一句:"对了,水蜜桃维生素C高,多汁又特别有营养,吃了对孕妇特别好,要不要顺便带一些呢?"老婆婆听后,非常高兴,于是又买了2斤水蜜桃离开了。

在聊天中,说话要有针对性,要懂得投其所好,把话说到对方的心里,这样才能达到应有的效果。案例中的前两个摊贩只是站在自身的利益点,没从老婆婆的需求考虑,所以无法实现与老婆婆的沟通,更无法卖出自己的水果。

心理学家的研究证实,人倾向于接近"与之相似"的人。这里的"相似"包括相似的性格、兴趣爱好、思维方式等,也可以归结为"同道中人会惺惺相惜"。所以,如果你和对方成为同道中人,他自然会对你青睐有加。

孙莉是一家报社的编辑,她邀一位名作家写稿,这位作家很不好相处,让很多报社的编辑都非常头疼。所以,孙莉在和他见面前也很紧张。一开始果不出所料,双方各说各的,怎么都谈不到一块去。孙莉为此大伤脑筋，只好改天再来。

这一次，孙莉把几天前在一本杂志上看到的有关这位作家近况的报道搬出来，并说："恭喜，您的大作最近要翻译成英文，在美国出版了。"这位作家见对方如此关心自己，就很感兴趣地听下去。孙莉接着问道："您不担心英文无法完全把您的风格表现出来吗？"作家说："你说得没错，这正是我所担心的……"就这样，他们在这种融洽气氛中继续谈下去。本来已不抱希望的孙莉，此时又恢复了自信，获得了作家答应写稿的允诺。

在人与人的交流中，说话投其所好是一种高超的表达技巧。要想和他人顺利交往，首先就要学会针对对方感兴趣的地方说话，用动听的语言打开对方的心房。一般而言，当人们的意见、观点一致时，彼此就会相互肯定、信任，反之，就会彼此否定，产生防备心理。

语言能改变一个人的命运。因为在现代社会，即使最简单的事，也需要彼此合作，互相利用。因此，投其所好的说话技巧不仅是一个人有"心机"的表现，同时还能为你成大事提供机会。

"投其所好"才能把话说到点子上，想要做到这点，你需要牢记以下几点。

1.多加察言观色

你对对方越了解，沟通越有胜算，你可以简单观察对方的穿着、表情，如穿新衣，可能代表今天有重要的事；衣服没烫，可能表示最近生活很忙乱；穿西装，可能今天要开会；穿休闲服，可能今天心情很放松。而通过一个人的面部表情，将会容易感受到他的心情。

2.学会"因人而异"

古人鬼谷子指出：与智慧型的人说话，凭借的是见闻的广博；与见闻广博的人说话，凭借的是辨析的能力；与善辩的人说话，就要简明扼要；对方所喜欢的，就模仿而顺从他；对方所讨厌的，就避开而不谈它。能做到这些，就具备了"投其所好"的条件。

3.听出对方的心思

专心听别人说话，是找到别人爱好的前提。只要你细心听他的话语，就一定能够了解他对哪些事情是赞同的，对哪些事情是极为反感的。这时，不要触到他的敏感神经，尽量说些对方爱听的。

运用投其所好的方法可以解决生活中的很多矛盾、问题。投其所好的目的，归根结底还是让对方能够认同自己、喜爱自己、赞同自己。投其所好，会使说服对方的可能性大大增强。

少说多听，让别人不知不觉喜欢你

我们都知道一句至理名言："上帝给了我们两只耳朵一张嘴，就是让我们多听少说。"的确是这样，在我们的现实生活中，那些被认为有魅力的人并没有几个是喋喋不休的，相反，真正的说话高手，正是那些少说话、多倾听的人。在你永不停歇地倾诉时，你显然不懂说话的艺术是什么。只有最大限度地提高自己的倾听能力，才能真正提高自己的说话能力，才能让别人不知不觉喜欢你。

李晨是一家汽车维修公司的员工，他每天奔走于多个客户之间，但取得的业绩却一直不好，这是怎么回事呢？这天，李晨来到一家咖啡馆，一位意向客户正在那里等他。与客户见面后，李晨说："刘经理，贵厂的情况我已经分析过了，我发现你们自己维修花的钱，比雇用我们的费用还要高，为什么不找我们呢？"

刘经理点了点头，说："嗯，是这样的，我也觉得自己做不太划算。你们的服务我很满意，不过你们在电子方面还是缺乏些……"

听到这里，李晨打断了刘经理的话，急忙解释道："刘经理，请您允许我解释一下。没有人是天才，修理汽车需要特殊的设备和材料，如真空泵、钻孔机、曲轴……"

刘经理微微地皱了一下眉，心平气和地说："你说得有道理。但是，你误解了我的意思，我想说的是……"

"我知道，我明白您的意思。"还没等刘经理说完，李晨又一次打断了他："可是，就算您的部下绝顶聪明，也不能在没有专用设备的条件下干出有水平的活来……"

看到李晨几次三番打断自己，刘经理不免有些生气，冷冰冰地说："你能让我把话说完吗？你还没有弄清我的意思。现在我们负责维修的人是……"

"刘经理，您想说什么我都知道！"李晨没有发现对方的不满，只顾自己说，"刘经理，请您给我一分钟，我只说一句话，如果您认为……"

终于，刘经理忍无可忍，他站起来狠狠地拍了下桌子，吼道："行了，别说了！你现在可以走了，以后也不要联系我。"

李晨的聊天方式显然是错误的，他只知道说，却不懂得倾听，只能让一开始还比较满意的刘经理变得愤怒不已，好好的一单生意被自己的愚蠢行为给毁了。倾听不仅体现着一个人的道德修养水准，而且关系到能否与对方建立一种正常和谐的人际关系，而缺乏倾听不仅会让我们显得无知、无礼貌，往往还会错失良机。

人为什么会长一张嘴两只耳朵呢？目的就是让我们少说多听。可是日常生活中，我们在说很多话的时候，往往都是嘴巴伶俐、心里痛快，很少去想自己这样一句轻飘飘的话会造成什么样的结果，对他人是怎样的伤害，对自己又是一个怎样的结局。

少说多听，这是一种智慧，它会给你带来更多的利益，让你的交际路走得更顺利。

1.避免出现言多必失的下场

在生活上，我们要学习的东西很多，所以多听少说才更加重要。特别是在一些敏感和事关重大的话题上，言多则必失。在你不太清楚事情原委的时候，你不应该多说；在你清楚了很多所谓内部消息的时候，你更不应该多说。

2.让自己的知识更加丰富

一个善于倾听的人能获取更多的知识，他能汲取对方言语中的精华，能了解到很多自己不太熟悉甚至不知晓的问题。这是一个不断扩充自己的过程，也是一个不断提升自己的过程，一味地诉说只会让你的知识量变得越来越单薄。

3.多角度地了解对方的话语和心理

通过静静地倾听，你可以多角度地了解对方的话语和心理，从而找出合适的语言来回应。因为每个人都希望得到他人的理解和支持，所以如果有人愿意听他们说话，愿意分享他们的想法，那么他们就会不由自主也将心掏出来奉献给你。

"沉默是金"，在纷扰复杂的人生路上，少说多听能让自己保持足够的清醒。沉默并不意味着妥协，而是在稳健中积蓄力量，把握时机绽放下一次的光芒。事实上，那些少说多听的人，往往一开口便能抓住要领、直切要害，字字堪比金玉良言。这样的人多是受人尊敬的。

展现"自我价值"，让对方答应我们的诉求

有的人在说话做事时会抱着"有事有人，无事无人"的态度，只希望对方能答应自己的诉求，却不说自己的"利用价值"，结果吃了闭门羹。在日常生活中，人与人之间的交往是建立在互惠互利的基础之上的，没有互惠互利，就没有互信互助。基于人们这样的心理，当他在面对我们诉求的时候，实际上很想知道我们是否有一定的"利用价值"。也就是说，他的付出是否会换得应有的回报。所以，在说话做事时，假如我们的言语中展现了"自我价值"，那在大多数情况下，对方是会答应我们所提出的诉求的。

我们可以利用如下的方法来展现"自我价值"，让对方答应我们的诉求。

1.给对方一点好处

当我们在说话做事的时候，不妨给对方一点好处，这样对

方也会从中获得一些恩惠。如"你过来我包你车费,还管你食宿,咋样""只要你帮我把这件事办好了,我就送你最喜欢的包包""前天我妈妈才从老家带来了一些特产,你过来拿点过去吧"。

2.表明自己的回报之心

例如,当我们在寻求帮助的时候,最好能让对方觉得当他以后有困难的时候,你也一定不会袖手旁观,这样一种互惠互利的"承诺",会让对方觉得你还是有"利用价值"的。当然,做出的承诺就要做到,否则有可能会失去这个朋友。

虽然,人们在很多时候都是无动于衷的,无论面对别人怎样的诉求。但在利益面前,人们往往是忍不住的,当我们在向对方诉求某件事的时候,不妨适时展现自己的价值,表明这本来就是一桩互惠互利的交易。那么,在最后,我们所提出的要求是可以被允许的。

沟通中多为对方描绘美好蓝图

在生活中,由于现实与理想之间的差别,人们都有一种逃避的趋向。远离了现实的残酷,他们很容易会沉浸在憧憬和幻想中,似乎这样就可以彻底地摆脱残酷现实带来的痛苦。这是人们的普遍心理之一,对此,每个人对自己所憧憬的生活都是充满着无限的向往,同时,还有一种期待,因为那就是他们向往已久的生活。假如我们在与其沟通的过程中,能够巧妙地勾勒幻想,利用对方的憧憬,描绘出未来美丽的蓝图,那对方心里还有防线吗?自然是没有了,他就会遵从我们的心愿,答应我们的请求。

小周是一个谨慎的人,平日里他都是把每个月的工资存入银行,定期存取,从来不动用小金库的钱。如今,他存钱也有些年头了,如果是胆子比较大的人,肯定会拿这笔钱做投资。不过,小周一向很谨慎,他想要的是存钱买一套房子,然后娶媳妇生孩子,这差不多是大多数男人的心愿。不过,看着工资不涨、房价疯涨的势头,小周觉得,要买一套属于自己的房子,不知道得哪年哪月。

最近,朋友小李频繁地联系小周,也不知道他要干什么。终于,在一次酒后,小李说出了自己的诉求:"小周,最近我看上了一个好项目,我算了一下,如果能做好这个项目,那只有赚钱的分儿,不会亏的。本来,我是很想做的,但手头紧,我一个人的话,还缺一些资金,于是我想到了你。我知道,你这些年存了不少的钱,如果你这次能甩开手大胆地跟我合伙干,那绝对会带来源源不断的利润。"小周一听要动自己的小金库,心头一紧,本能地想拒绝。

这时小李又说了："我知道你的心愿就是买套房子，娶个老婆，生个聪明的孩子。可是，就你那点每个月领的死工资，到哪年才能实现啊。听我说，这个项目，只要我们投资几万块，不到两年，保准翻十倍，你相信吗？我说给你听听……到时候，不到两年你就可以住在自己的房子里，等着娶娇妻，那是何等的幸福啊。"听了小李的话，小周沉浸在自己憧憬的生活里，脸上不自觉地露出了笑容，心里那根紧紧的防线终于松动了。

谁不爱幻想呢？人们都希望自己幻想的生活可以变成现实，即便他们知道这是不可能的，但如果有人在自己面前重复这个美丽的憧憬，那他们的心里一定是充满欢喜的。就好像事例中那样，当我们想要邀请朋友合伙做生意的时候，如果对方还在犹豫，那我们就可以为他勾勒幻想的蓝图，如生意成功之后会怎么怎么样啊，这样一来，还愁对方不点头吗？

任何人在别人描述的美丽蓝图之前都是难以拒绝的，因为任何的憧憬都是美好的，即便明知道这还是未知的。但听到对未来这件事美丽的憧憬，以及好的幻想，人们心里会异常兴奋，他们恨不得马上就将这个幻想变成现实。当然，最好的办法就是付诸实际行动，答应对方的诉求，这样理想不就很快能变成现实了吗？

第 10 章
看破不说破，给人留面子也给自己攒人情

我们都知道，中国人最重视面子，面子就是尊严，伤什么不能伤面子。在很多人的心目中，面子是尊严的代名词，面子，实在太重要了。丢失了面子，就丢失了光荣，失去了光彩，矮了身份，感到脸上无光、心中无味。其实，中国人爱面子是虚荣心的表现，但我们在与人沟通中，一定要尊重他人的面子，在很多不便直言的问题上，要隐晦表达，因为无论何时，给他人面子，等于给自己留下余地。

面子效应：无论何时都要为他人留面子

生活中，我们可能有这样的经历：

我们想找朋友借500元钱，如果你直接说："能借500块给我吗？有点急事。"得到的回答很可能是："借钱干什么，我还缺钱呢！"可是，如果你说："老同学，我最近手头很紧，借1000块钱给我救急，行吗？""什么？我哪有那么多，我也正要用钱，最多只能借你500块！"这样一来，目的不就达到了吗？

生活中，如果对某个人提出一个大要求被拒绝后，接着再向他提出一个小一点的要求，那么他接受这个小要求的可能性就比直接向他提出小要求而被接受的可能性大得多，这种现象被称为"留面子效应"，也叫"门面"效应。

心理学家认为，"留面子效应"的产生，主要是因为人们在拒绝别人大要求的时候，感到自己没有能够帮助别人，辜负了别人对自己的良好期望，会感到内疚。这时，为了在别人心中保持"乐于助人"的良好形象，也达到自己的心理平衡，人们往往更愿意为别人提供帮助。

在日常生活中，我们与人交往、求人办事，不妨利用这一效应，先提出一个令人难以接受的要求，等别人因为没有帮上你的忙而产生歉疚之情时，你再提出自己真正要对方办的、难度低很多的事情。因为人们都爱面子，不愿同时拒绝两件难度相差很多的事情，所以，人们往往会选择答应后者，这样做的成功率比直接提出这一要求高得多。在日常生活中，售货员的标价和侃价就是对这种技术的应用。

在现实生活中，我们与人交际运用留面子效应的时候，还应注意以下几个方面。

第一，不要利用别人的面子心理，提出一些不合理的要求。

"留面子效应"是一柄双刃剑，正确地利用它，我们可以促成好事，让事情事半功倍，但如果我们因为一己之私，利用别人好面子的心理，他日别人察觉出你的不良动机，必会远离你。

第二，注意彼此间关系的亲密度。

"留面子效应"是否会发生作用，关键在于别人和你的亲密度，如果你们彼此间关系亲密或者对方有义务对你提供帮助，那么，你可以利用人们的这一心理达到要求，但如果既无责任，又无义务，双方素昧平生，却想别人答应一些有损对方利益的事情，这时候"先大后小"也是没有用的。例如，如果你希望你的朋友能在你的生日派对上送你一条项链，你可以先提出让他给你买一条纯金的，然后提出随便买一条，但如果你对街上的陌生人提出这一要求，几乎不可能成功。

第三，不要因为别人的拒绝而损害其面子。

留面子效应并不是"放之四海而皆准"的，一般人都爱面子，怕丢脸，怕得罪人，怕遭人议论，怕日后抬不起头来做人，特别是我们中国人，对于面子这件事更是在意。甚至有些人，为了不失脸面，会答应一些自己无法办到的事，结果，他不得不做出万分努力，来尽可能保住面子。但如果因为别人拒绝了我们的要求，我们就肆意传播不良信息，或者以此威胁对方，这都是不道德的。

总之，我们要学会正确地运用留面子效应，在不伤感情的情况下，让对方答应我们的请求，这才是最佳方式。

主动化解，重拾友情并不是一件难事

如果你和你的朋友发生了矛盾，你会怎么做呢？是任由事情恶化下去，还是主动做一个胸怀宽广的人去化解这一干戈呢？聪明的人明白，感情是需要经营的，我们要懂得用心去维护，情感不是说放弃就放弃的，能有多大的仇恨让彼此老死不相往来呢？天下没有解不开的疙瘩，没有打不破的坚冰，没有过不去的火焰山，只要真诚地付出、主动示好，你会发现，化解误会，重拾友情并不是一件难事。希望人们能够战胜自己的心理障碍，做一个胸怀宽广的人。

王晶晶是上海某化妆品公司的部门主管。因为生性多疑，平时爱猜忌，所以，常与同事闹矛盾。

有一天，王晶晶因为工作问题被经理批评了一顿，心中十分不痛快。一怒之下就对经理说："反正你怎么看我都不顺眼，这个主管我不干了！你爱让谁干让谁干去！"

听到王晶晶说话如此无礼，领导勃然大怒："你爱干不干，你不干我还找不到人干了？我看李月就不错，她当组长，保证比你强！"听到经理如此说，王晶晶心里又犯疑了：一定是李月在经理面前说了我的坏话，不然为什么把我撤职好让她来当这个主管？从经理的办公室出来，王晶晶就怒气冲冲地找到李月说："你要是对我有意见可以直接跟我讲，别到领导那里去打小报告，行吗？咱们一个办公室，你想做这个位置，我让给你就可以了，干吗要干这种下三烂的事！"说完气呼呼地转身离去。

对于王晶晶的指责，李月感到莫名其妙，她不知道该如何解释才好。看着气呼呼的王晶晶，李月坐立不宁。她想去解释，又觉得自己什么都没做，不知如何开口。但是，这个问题不解决，与王晶晶天天在一个办公室里，太别扭了，何况让其他同事知道，也不利于自身的发展。

想到这里，李月站起身，来到王晶晶的办公桌前，心平气和地对她说："王晶晶，同事之间以'和'为贵，我想咱们之间可能出现了误会，咱们可以去问问经理，看看他有没有让我做主管的意思。这样一切就会真相大白。"听完李月的话，王晶晶也感觉到，自己刚才的表现太失态了。于是，连连对李月说"对不起"。就这样，两人一笑泯恩仇。其他同事知道了此事，都认为李月是个值得结交的人。

人生活在这个社会上就避免不了与他人打交道，打交道的过程中出现误会和矛盾也是常有的事情，所以我们一定要放宽心，不要给自己心理压力，自己需要做的就是尽量把问题解决，别让自己前方道路出现太多的绊脚石。无论什么原因得罪了他人，自己一定要弄清问题的症结所在，找到合适的解决办法，让自己与他人的关系重新建立一个良好的开端。

朋友们，如果对方因为某种原因对你充满了敌意，你知道该怎么化解吗？

1.在背后多夸赞对方的优点

良好的沟通，可以帮助我们化解人际交往中的矛盾。面对矛盾，只要我们能够做到态度诚恳、及时主动，相信再大的矛盾也能冰释前嫌。如果你也想拥有良好的人缘，千万别忘了这一招哦！

2.主动向他示好

既然他对你的敌意十分明显，那在这种情况下，你就不能佯装不知，而应当主动向对方示好。你可以在没有其他同事在场的情况下问他："我究竟有什么不对呢？"一般情况下，他会冷冰冰地回答你"没什么不妥"。此刻，你也许觉得自己是自找没趣，不知该如何是好，其实你完全可以巧妙应对。

3.用你的宽容谅解对方

很多时候，我们都需要宽容，宽容不仅是给别人机会，更是为自己创造机会。如果你的同事做了伤害你的事，那么，你只有忘记仇恨、宽宏大量，才能与人和睦相处，才会赢得他的友谊和信任，以及他的支持和帮助。

4.有空记得常联络

虽然与翻过脸、生过气的朋友重新建立了联络，但关系终究大不如前，还处于脆弱阶段。所以，应适度保持联络，而且将联络频率控制在比翻脸前稍低的程度上为宜。

"人非圣贤，孰能无过"，每个人都会犯错。对他人犯下的错误念念不忘，就会形成思想包袱，既不利于自己的身心健康，对双方的关系也会带来不良影响。事情过去就算了，最好将不愉快的事淡忘，谁对谁错，就不要深究了。

刻薄，只能让你寸步难行

张大姐来到平时经常光顾的理发店里理发，恰巧平时经常为张大姐设计发型的设计师不在，老板安排一位新发型师为张大姐服务。谁知张大姐张口就说道："你是新学徒吧？给我理发用心点，过几天还有会议呢，要是剪坏了你可小心自己的饭碗。"发型师听了张大姐的话心里有些不高兴，毕竟这是自己的第一个客人，发型师希望能给自己和顾客都交上一份满意的答卷。发型师很认真地修剪起张大姐的发型，修剪完之后，张大姐一看镜子说道："你这怎么剪的啊？还留了这么长，是怕我不给钱还是怎么的？"这时候店长在一旁赶紧说道："这头发留长了好，显得您含蓄而不外露，符合您的领导身份啊！"张大姐听罢，撇撇嘴说："再修修，仔细点剪。可别想敷衍我啊！"于是，按照张大姐的要求，发型师继续修剪，按照原来的样式修短了发型。哪知张大姐大怒，喊道："你是在哪里学的这三脚猫的技术啊？剪了半天剪成什么了？我看你这手艺根本做不了发型师，赶紧收拾收拾回家算了。今天出门碰到你这么个不入流的小子真是倒霉透了！"发型师在一旁一脸的窘相，店长只得过来圆场："瞧您的头发剪得精神着呢，一看特别干练。您这是样貌端庄，剪什么发型都漂亮。咱们这里虽然剪得慢，但是为了'首脑'，多花点时间也是应该的。张姐，您也别生气，先坐下我给您重新修整一下。我先给您做个肩部和脊椎的放松，我看您一直是紧张状态，您生活中一定是非常忙碌、对自己要求特别高的人。完美主义者一般在生活中都比较辛劳。其实，您看您这个发型，主要是您觉得不符合您的一贯风格。其实吧，生活可以换换方式，尝试下新的风格。"张大姐听了店长耐心的劝解，心中的愤怒消散了一大半："不好意思小伙子，刚才说话有点刻薄，咱们都相互谅解下吧。"

古语说："喜时之言多失信，怒时之言多失礼。"愤怒，让我们像闻到血腥的猛兽一样冲动，行为失态、失礼，说话偏激、绝情，结果对自己和他人造成不可弥补的伤害。日常生活中，如果你总是因愤怒说一些尖酸刻薄的话，那你真的应该改一下自己的脾气，否则你身边的人就离你越来越远。

太刻薄，这是一种不礼貌的行为，也是一种心理上的缺陷，它会让你寸步难行，我们要想远离这种行为，需要做到以下几点。

1.说话温柔一点

温柔的人更让人喜欢，因为他能让对方感受到一个人的亲切与和善。如果需要指正他人的错误，语气要委婉一点，以能够说服人为最佳。不要搞人身攻击，要针对事不要针对人，要懂得维护他人的自尊，哪怕是他犯了错误。

2.把自己当作对方

换个角度去想，如果你看到对方对你动怒，并且言语尖酸刻薄，恐怕你就不乐意了吧。孔子的"己所不欲，勿施于人"就是这个道理，如果每个人都能对别人多一份谅解，这个世界可能就美好很多，别人也会因此对你多一份尊重。

3.问题不大，放对方一马

其实，不管对方是无意的还是有意的，既然错误已经发生，再说那么多的话也于事无补，所谓"得饶人处且饶人"，批评的话也见好就收吧。如果不给他人留情面，他日对方若有了出头之日，定会向你讨这旧耻雪恨。

4.提升自己的修养

这实际是最关键的一点，一个人只要眼界宽了、境界高了、知识丰富了，也就变得更加宽容、善良了，不再以出口伤人为乐，不再把刻薄当成自己的本事。许多人只是随着岁月徒长了年岁，却没有增长任何与其年岁相称的成熟，实在是一件令人遗憾的事！

相信每个人都愿意和有教养的人交往，而不是那种不积口德、总是出言不逊的人。因为其气场会让周围的人觉得轻松、安宁，能感受到清爽、踏实。而刻薄、对人不留口德的人，会让人觉得他身上似乎安装了一个定时炸弹，随时会炸，因此都自觉地敬而远之。

避开交流禁忌区,学会恰到好处地运用语言技巧

人与人交往,参加社交活动,都离不开言语交谈,这是最重要也是最普遍的沟通方式。人们很多时候,都以此相互联络、促进了解,并通过言语交谈达到一些商业和非商业的目的。因此,学会说话是成功社交的基础功课,懂得一些交谈禁忌更是我们要学习的社交规则之一。

交谈已逐渐成为一门艺术,被众多的人所推崇。"说对话"是我们搞好与对方关系的关键,这要求我们学会恰到好处地运用语言技巧,准确、巧妙地表达自己的意思,说对方需要听、喜欢听的话,而不是说对方避讳的话。当然,这需要我们在与人交谈的时候懂得机智、灵活,要能察言观色,注意如何"说对话",并避开交流禁忌区。

第一,忌先入为主。

人们都希望自己的想法能被倾听,也都有倾听的欲望,学会听是说的前提,但如果在你同别人进行谈话之前或谈话之初就已对别人所谈的话题有了先入为主的看法甚至是偏见,那么你就无法出自真心地去听对方讲话,即使你出于某种原因听对方说话,也无法听到心里去。甚至对于别人的话,你根本不予理会,或者干脆用你已经形成的偏见来理解别人的话,并且开始大谈特谈你的看法,很明显,这样做,是不会起到任何沟通

效果的。

第二，忌质问对方。

这样的人一般都不会有很好的人际关系，因为没有人喜欢自己总是被质问。用质问式的语气来谈话，是最易伤感情的。生活中，很多夫妻不和、朋友间矛盾的产生、同事交恶都是因为"质问"引起的，因为质问首先就把对方摆在与自己对立的位置上，无论后来他们怎么挽救，也总是给人留下心胸狭窄、吹毛求疵、脾气乖癖、好胜自大的印象，这种品质在社交中，是最大的弊病。

第三，忌逞强好胜。

爱争强好胜的人生活中不少，但这种人一般都会以失去朋友为代价，因为你即使争赢了对方，对方表面屈服，不再与你争辩，但心里也会不平甚至怨恨。

第四，忌胡乱插嘴。

交谈中，我们都需要交流意见，因此，适当插话有助于谈话的进一步深入。但随随便便胡乱插话则会适得其反，让别人厌恶你。因为通常情况下，人们交流、表达自己的意见和内心情感的时候，都是按照自己的思维顺序来进行的，如果我们胡乱插话，就会引起对方的不悦，同时，也不能正确理解对方要表达的意思。

第五，忌默不作声。

交谈中，倾听是很重要的部分，这有助于听到和理解他人说话的内容，但这并不代表我们应该默不作声，对方在大声地高谈阔论时，你却自始至终一言不发，这是对对方的一种不尊重，同时，对方也会以为你根本没有在听，因为真正的交流是说与听兼有的，及时地反馈你的意见也是你对对方的话题感兴趣的表现。因此，在谈话中，你对对方的话题应表现出极大的兴趣，用你的表情、动作、语言、态度向对方传达"我非常乐意听你说话，我非常愿意同你交流"的信息。

第六，忌不看场合。

人际交往中，我们必须学会见什么人说什么话，到什么地方说什么话，这是最简单的社交规则。

在社交场合中，说话内容与环境气氛如果不协调，不仅会使大家扫兴，还会影响你的人际关系。例如，在葬礼仪式中，说话不宜过多，不能开玩笑，说话应沉重表达自己的哀痛之情；相反，在婚宴上，要尽量表现自己的喜悦之情，与整个婚宴的氛围相容，谈话忌讳使用"断""散""离"等字音；参加长辈生日聚会时，说话不要强调年纪，少论及生死问题，以免使老人家心生伤感。

第七，忌胡乱传言。

那些喜欢搬弄是非、传播流言蜚语的人表面上看会引起交谈对方的兴趣，但最终会招致众叛亲离的结果，因为没有谁愿意与一个"大喇叭"交往，使得自己的隐私被人传播。

因此，交谈中，我们不要随便传言人家的短处，或揭发别人的隐私。否则不仅有碍别人的声望，而且足以表明你为人卑鄙。

第八，忌快言快语。

交谈是双方或多方的事，如果你不管听众，不顾场合，只是一大套一大套地把自己想好的话讲出来，不考虑对方的兴趣，不观察对方的反应，不及时解除对方的心理症结，那你就不能算是一个好的谈话者。

第九，忌自吹自擂。

自吹自擂者自视甚高，轻视一切，不大理会别人的意见，只会自己吹牛。自吹自擂，其实是自己丢脸而已。因此，与其自夸，不如表示谦逊。应该明白，个人的行为旁人看得清清楚楚。

总之，我们在与人交往的时候，要注意交谈规则，规避交谈禁忌，注意用恰当的方式把话说好，使语言沟通成为人际关系的"润滑剂"。

打人不打脸，骂人不揭短

人活于世，人人都有各自不同的成长经历，都有自己的缺陷、弱点，也许是生理上的，也许是心理上的，如那些隐藏在内心深处不堪回首的经历，是他们不愿提及的"疮疤"，是他们在社交场合极力隐藏和回避的问题。一旦被揭掉，他们会又痛一次。尤其是他人身上的缺陷，千万不能用侮辱性的言语加以攻击。有句话说得好："中国人可以吃闷亏，也可以吃明亏，但就是不能吃'没有面子'的亏。"无论是什么人，只要你触及了这块伤疤，他都会采取一定的方法进行反击。他们都想获求一种心理上的平衡。

每个人都在寻求被尊重的感觉，他判断别人对他好与不好的标准之一是别人尊重他与否，对他敬重膜拜自然更好。社交生活中，就有这样的规则：打人不打脸，骂人不揭短。你为对方守住了"秘密"和"疮疤"，他会有种被尊重的感觉，自然也会尊重你。

面子是名，利益是实。名与实在大多数情况下是统一的。故此，一个人如果感觉到你给他面子、看得起他，就会认为你是他的朋友，与他是站在统一战线的，你将可以与他组成利益共同体。面子，虽然是表面上的东西，其实与后面的利益直接联系在一起。

生活中，当下属或者晚辈犯了错，我们也要根据对方的接受能力，选择正确的批评方式，对于那些脸皮比较厚的人，语气则可以适度加重些，如此才能使他们意识到所犯错误的严重性。而对那些自尊心较强和敏感的人，你要尽量小心说话，对他们所犯的错误点到即止，因为我们话说重了，就会让对方的自尊心受到伤害，从而让对方远离我们。

例如，你看到下属犯了一个错误，也许并不那么在意，但是心里一烦，就随口骂了一句："笨猪！"结果会是什么呢？坚强一点的下属也许不作声，只在心里默默地回骂，懦弱一点的下属也许就含着泪水离去。

为什么简简单单的两个字会造成这样的结果？原因非常简单，因为你伤害了别人的自尊心。

人与人交往，都希望扩大自己的交友圈，尽量多交朋友，少树敌人，多一些朋友总比四面树敌要好。把潜在的对手转化为自己的朋友，才是最好的办法。

尊重他人就是尊重自己。为自己留口德，就是避免"祸从口出"，避讳不仅是处理人际关系的技巧问题，更是对待朋友的态度问题。有的朋友过去曾经遭到一些痛苦之事。当我们知道他有这样一段不为人知、不愿意他人知道的隐痛后，也应该替他保密。总之，与人相处，我们一定要记住一条社交规则：打人不打脸，骂人不揭短。

第 11 章
职场积极沟通,赢得青睐和尊重

不可否认,和睦的工作环境,同事间亲和融洽,上下一心,是我们理想的工作环境。然而,职场环境,离不开与人沟通与交流。不少人甚至为此感到苦恼,不知道怎么和同事、领导打交道。如果我们懂得一些职场说话的技巧,懂得如何做一个忠诚的下属,一个面面俱到、圆滑老练的同事,那么,就能成为一个职场交际达人,自然就能获得众人的接纳和支持,从而顺利开展工作!

冷落同事,"受冻"的还是你自己

与同事相处,并进行良好的沟通,这样才能有融洽的人际关系,才能使你的工作充满动力。如果你因为一些自己的事不开心,又不愿意与别人说,对人一直冷淡,那么同事会认为你对他有什么意见又不肯讲,从而会为了避免尴尬而刻意躲避你,这样你就会逐渐被疏远。如果你真的对某个同事有意见,而故意对其冷淡,同样同事也会因此而对你冷淡,那么最终"受冻"的还是自己。所以如果有意见可以和同事进行恰当的沟通,这样才能化解误会,增进感情,获得良好的人际关系。

小珍是一家公司的一名新人,刚从大学毕业的她满怀热情和雄心地来到这家生产数码设备的公司,本想通过自己的努力大干一番,但是没有想到刚到公司就遭遇了人际关系问题的困扰。

公司的同事总是很忙碌,这倒没有什么,但是同事们在忙碌时对她的态度很冷淡,面对面走过时也总是装作没看见,从来不会与她打招呼,她主动打招呼,同事的反应也总是冷冰冰的，甚至有几次对方都没有反应。小珍发现自己自讨没趣，于是之后也装作没看见。但是这让在大学时总是与人热情相处的小珍感到非常不适，在激烈的思想斗争中，她失去了方向，久而久之，小珍感觉身心疲惫，工作上也渐渐没有了当初的激情。后来小珍和朋友倾诉了自己的苦恼，并得到了朋友的指点，于是小珍开始逐步改善与同事间的关系。

小珍经常买些吃的和同事们一起分享，有什么不明白的问题就虚心请教，别人需要帮助时就主动上前伸出援手。渐渐地，同事在与小珍接触时脸上的冰冷不见了，而是洋溢着温暖的微笑。人际关系问题解决了，小珍的工作变得顺利许多，而且取得了不错的成绩。

小珍的人际公关行动是成功的，她最终成功地和同事们打成一片，使工作也得到了促进。也许是工作的压力太大，也许是小珍当初的沟通不够，但是无论怎样，小珍的同事面对新人的做法都是欠妥的，要知道我们每个人在遇到类似小珍所经历的情况时都会像小珍一样苦恼，所以我们不应该对自己的同事冷漠。当你对同事冷淡时，如果同事也并不善于沟通，那么就会做同样的事来对你，这样你的人际关系就会僵化，最终影响你的工作。

小超和小丽在同一个办公室，小超刚从学校毕业来到公司，小丽则已经工作5年之久。起初，两人关系还不错，还一起去买折叠床放在办公室里，中午休息时，经常一起去食堂吃饭，等等。后来小超和办公室其他几个女孩子搬到楼下一个空闲的办公室午休，但是小超一时疏忽没有叫小丽一起搬下去。后来小超发现主任对小丽的态度不太好，可能是因为她工作了5年，不怎么出色的缘故。主任对小超的态度很好，经常鼓励她，觉得她刚毕业，是可塑之才。但是小超没有什么谄媚之举，只是对本职工作认真负责，不懂就问。可从此，小丽却对小超的态度越来越冷淡，从无话不谈变得几乎形同陌路，工作上两个人经常出现不合拍的现象，极大影响了工作效率。直到后来小超主动找小丽谈，才化解了彼此之间的误会。

也许是小丽因为得不到赏识，内心有些许的挫败感，但是她对小超的冷漠让两个人的关系无缘无故地从好变坏，影响了工作，这是得不偿失的。在人际交往中，出现问题我们应主动沟通，不要耽搁，因为时间一长，一些误会就很难解释清楚，就真的变成矛盾，俗话说"夜长梦多，迟则生变"。

在交流中，自己要调整好心态，不要总是看谁不顺眼就对谁冷淡。即使知道对方对自己有意见，也要若无其事地和其交往，然后多观察，争取慢慢地去了解他，主动地和他交谈，从而化解彼此间的矛盾。对一个人冷淡会让对方感到敌意，同时自己总把事情憋在心里也是很难受的，所以不妨和对你有意见的人，或自己对其很有意见的人去个轻松的场所，打开窗户说亮话。冷淡同事，"受冻"的将是你自己，把埋在心里的话都说出来，有利于彼此间消融误会和矛盾，加深感情，促进工作的顺利开展。

学会与你不喜欢的同事和谐共处

人们在对待自己喜欢的人时会非常自然，很愿意与其接近，并用微笑与其交流。在对待自己讨厌的人时，会敬而远之，总是想办法避开，或者对其态度非常恶劣，充分表现自己对其的厌烦之情。那么在工作中，对待你讨厌的同事时，不要将你的厌烦摆到明面上，不要什么都不顾地尽情发泄自己的不满，要顾全大局，收敛自己的行为，照顾人们的情绪，公私分明，尊重你讨厌的同事。

郑爽是一家公司的职员，她为人正派，表里如一，所以对公司一名总是笑里藏刀的同事很是厌烦。开始郑爽非常想当面斥责这名当面一套背后一套的同事，但是她的想法被自己的一个朋友制止了，朋友帮郑爽分析了各种利弊，最后郑爽决定和这个笑里藏刀的同事，在工作中维持正常的关系，私下里则加倍防范。

郑爽开始的想法显得很冲动，幸好在朋友的劝阻下没有施行，如果郑爽当面对其斥责，那么不但不会达到让其改变成为自己理想中的人的目的，而且很可能让同事因对郑爽非常不满而暗地里寻找机会报复。所以对待自己不喜欢的同事一定要尊重，因为他与你是工作关系，私下里不会影响你的个人生活，所以为了整个公司这个大团体的发展，要抛弃对一些人的成见。大家以和为贵，和睦相处，才能营造一个团结奋进的大环境。

当你遇到让自己厌烦的同事，不要一开始就妄下定论，毫不客气地上前给对方提意见，这样，只会让对方察觉到你的反感，不利于以后工作的开展。要保持一个相对较低的姿态，无声无息地细心观察，发现对方的优点，然后针对优点进行沟通。这样一来，对方会发现你很有风度，懂得欣赏别人，从而对你产生好感。如此，不但避免了冲突，还能获得别人的赞赏。私下里我们可以随便喜欢或者讨厌一个人，但工作时就要抛开私人情感，把重点放在工作上。所以即使你讨厌你的同事，也要对其给予足够的尊重。

适时向领导谏言，展现你的责任心

智者千虑，必有一失；愚者千虑，必有一得。因而，即使再精明的领导，也有考虑问题不够全面、处理事情不周到的时候。遇到这种情况，下属如果不能够认清形势，只懂得盲目服从，很可能会导致更大的错误出现，自然也就很难有成功可言。因此，当下属与领导相处之时，要学会向领导进忠言，方能改变时局，达到既定目标。

生活中，有许多下属总想讨领导的欢心，于是事事顺着领导，做起事来也总是看着领导的眼色行事，有时明知领导的决定不对，也抱着少说为佳的态度。其实，聪明的下属，懂得不断提醒领导，如果发现领导决定有不妥的地方，不放任事态的发展，也是下属有事业心、责任感的标志。

培根曾说过："过分地恭维别人，等于贱卖自己的人格。"因而，在与领导的相处中，如果一个人总是讨好领导，不懂得进忠言，只会让人瞧不起。相反，如果能够坚持自己的做人原则，面对错误的地方，能够坚持自己的主见，既是对上级的真心尊敬，同样也可以得到上级的认可。

当然，作为下级在向上级进言提意见时，也要把握好一个"度"，只有掌握好方法与分寸，才更容易被采纳。所以，如果你也遇到此类情况，只要掌握了方式与分寸，请大胆地向你的领导进言吧！

低调做人,把耀眼时刻让给领导

职场,就是看不见硝烟的战场,有的人在此惬意自得,如鱼得水般轻松自在。然而,有些人却在此处处碰壁,不得要领。为什么会有这么大的差别?原因在于能否与领导搞好关系,成为领导心中的重要人物。

与领导相处,也是一门学问,如果处理得当,可以为你带来事业上的进步。相反,如果稍不留意的话,也可能让你跌落谷底,损失惨重。因此,对于身处职场的人来讲,能够与领导搞好关系,是首要任务。当然,想要与领导搞好关系,除了给予对方尊重之外,还应学会低调做人,把耀眼时刻让给领导。否则,即使你的能力超群,也会被外露的锋芒所伤害。

张鹏在一家电脑设计公司任职,他是企划部的得力人物。要知道,他能够拥有今天的成绩很不容易。因为在他之前,这个部门已经接连调来好几个人,然而都没能改变企划部的面貌,最终没过多久,又都灰头土脸地离开了。这不,领导才把他提拔到现在这个位置上。果不其然,没过几个月时间,企划部在他手上复活了。

在他的管理下,这些企划部的员工都像复活了一般,对工作充满了热情与干劲,没过多久,整个部门便赶上了企业整体步伐。一时之间,企划部成为全公司的热门话题,公司上下,无人不知这位重要人物。在大伙的夸奖下，张鹏也开始得意起来，逢人就说自己的能力如何强，如果早一点让自己接手的话，这个部门早就改变这种局面。

当然，张鹏所说的话，自然也就传到领导的耳中，使得领导心里很郁闷。更让人生气的是，在公司的表彰大会上，当张鹏上台发言时，他从头到尾都在表达自己的能力如何，眼光又是何等高，正是由于自己的到来，才使得企划部摆脱了被合并的命运，最终能够走到公司所有部门的前头来。可以说，在整个发言的过程中，张鹏都在夸奖自己，根本没意识到他人的努力，也没有提到他的领导。

因而，领导更是心生不悦，只是没有表达出来。这不，表彰会没多久，领导便借口他能力高将其调离到更需要的部门里去。直到此时，张鹏才明白正是因为自己过于张扬，在荣誉面前，没有把领导放在第一位才造成今天的局面。尽管他想给自己争取最后的机会，无奈时局已定，他也只能听从命令，去其他部门上任。

在这个故事中，张鹏力挽狂澜将企划部带出困境，一跃成为公司先进部门。这其中有他的功劳，然而，他并没有意识到要把这些功劳与领导分享，甚至根本无视领导的存在，使得他被调离。无论取得多大成就，都不可能是一个人的所为，尤其是领导的决定起到的才是决定性作用。所以你所取得的任何成就都有领导的分。如果都像张鹏一样高调宣扬自己的能力，从而抢走领导的风光，只会引起领导的不快，最后势必给自己带来损失。由此可见，作为下属面对成就时，保持低调，主动把成就让与领导，是获得领导信任的有力武器。

现实生活中，有许多年轻人一不小心取得一点成就，便学会自我宣扬，到处显现自己的能力，甚至认为领导正是依靠自己的努力才能做出成就，因而，面对成就时，总是极力争功，总想显得比老板更能干，更有能力。其实，这是最愚蠢的做法。要知道，身处职场过于高调地突出自己，无形之中就抢走了领导的风头，使领导显得没有能力，这样做无疑给自己成功增添阻碍。聪明的下属懂得，成功之时，保持低调，不抢领导的"镜"，才是深得领导心的做法。

作为下属，你的职责便是协助上司，如果因为一点小小成就便邀功争宠，只会让上司觉得你的存在就是威胁，一心想拔掉你这个隐患。因而，做一个聪明的下属，就要学会保持低调，把成就主动让给上司，成为上司的忠诚追随者，才是获得成功的最佳途径。

那么，从现在起，做一个聪明的下属吧，通过让功获得上司的信任与重用！

赏罚分明，激励与鞭策同步进行

领导对于下属取得的成绩给予肯定和奖励，对下属意味着巨大的鼓励。得到奖励的下属会更加努力地工作，并且对领导感恩戴德，这对一个团队的发展是具有积极作用的。所以作为领导要用好"奖赏"这根胡萝卜，这对激发下属的工作热情、培养下属与自己的感情、协调彼此间的关系是非常重要的。

领导者要赏罚分明，该鼓励的高高兴兴地给予奖赏，该惩罚的也不要拘于某些因素犹豫不决。赏罚分明的领导会给人一种棱角分明、一身正气的感觉，什么事都按规定来办，不讲究私情，会让下属对其的敬佩感油然而生。这样一来，领导者能使下属更加地服从自己的领导，更好地贯彻自己的意志，推动工作的顺利开展。

一家小有名气的国有大型企业出口的产品，因设计不合理出现了重大质量问题。虽然采取了很多补救措施，但对后续合同的执行仍造成很大影响，而且在国内外同行中也引起了较大的反响。事后该企业和其主管部门仅仅在认真汲取经验教训、努力改进工作、想方设法弥补此次重大质量问题造成的损失等方面下了不少功夫，而对问题的根源在何处、如何追究责任、如何处理相关人员等实质性问题上却闭口不谈。对此员工议论纷纷，褒贬不一。

从这个事例中，我们看到企业在积极地弥补过失，但是在惩罚责任人方面没有采取有效的措施，这样的做法是难以服众的。员工对此议论纷纷、褒贬不一，对于公司的稳定发展是有一定影响的。无论事故责任人是出于利益原因还是无意的失误，如果过于顾及一些因素而不对相关的责任人进行处罚，那么事故责任人会出于侥幸心理再次犯错，或者被他人效仿，给企业造成损失。所以要把这种影响引导到积极方面，就要正视这个问题，对相关责任人给予相应的处罚。这样一来，不但给企业上下敲响了警钟，使每个人都在心里告诫自己不要在今后的工作中犯类似的错误，而且员工会看在眼里，记在心上，对领导者的为人和能力给予肯定，有利于企业大环境的改善。

在公司中，遇到那些值得肯定和提倡的行为，要善于用奖赏来对其进行肯定，从而放大这些好的例子的积极影响，感染周围的人，让公司上下都来学习这些对团队的发展十分有益的行为。而在发现那些不值得提倡、给公司的发展带来阻碍或者损失的行为时，则要注意进行惩罚，如果这样的行为逃过了惩罚，那么会有更多的人做出这样的行为，从而严重阻碍公司的发展。所以作为领导者一定要赏罚分明，用好"奖赏"这根胡萝卜。

第 12 章
甜蜜恋情,给爱情增温也需要懂点技巧

生活中,人们常说,爱情需要"三分天注定,七分靠打拼",无论是寻求真爱,还是经营爱情,男女双当都必须懂得付出,没有坐享其成的幸福。然而,在这一过程中,我们还必须懂得一点沟通的技巧,用心经营,攻心为上,才会起到良好的效果。

丈夫的巧妙语言，让婚姻生活更加顺遂如意

很多女人都在抱怨，说自己的丈夫在结婚前和结婚后，简直判若两人。难道每个男人都是这样居心叵测骗女人的吗？否则为何每个女人都对男人众口一词，而且都在千篇一律地指责和抱怨男人呢？其实不然。实际上，男人之所以婚前和婚后有着截然不同的表现，就是因为他们在婚前追求女人的时候使出了浑身解数，而且嘴巴也像是抹了蜜一样甜得齁人。一旦结婚了，老婆就成为囊中之物，他们当然露出本来面目，觉得自己只要努力赚钱，给老婆创造更好的生活即可，因而把注意力更多地从精神上转移到物质上。但是女人却不这么想，每一个女人都愿意一辈子被宠爱着，所以她们恨不得男人天天在自己的耳边说情话，根本不愿意男人婚后截然改变。

的确，女人既然有这样的需求，作为男人，除了要负责挣钱养家糊口之外，为何不能继续保持甜言蜜语，从而让夫妻感情更加深厚、家庭生活更加和睦呢？有些男人就是死心眼，宁愿累死累活上班，也不愿意抽时间和老婆发个暧昧的信息，让老婆感动不已。当然，上班也的确很重要，男人一旦结婚成

家，就需要肩负起家庭的责任。但是很多事情都不是非此即彼的，生活也不是单项选择题，很多男人即便努力工作，也依然能用甜言蜜语哄得妻子开心。所以男人们，再也不要以忙于工作为由冷落和忽视妻子，而是要在工作之余抽出时间讨好老婆，让婚姻生活更加顺遂如意。

常言道，好男不和女斗。很多家庭之所以总是争吵，不仅仅是因为女人事情多、爱挑剔，也是因为男人不擅长说话，动辄就和女人吵架。实际上，男子汉大丈夫，要表现出宽阔的胸怀和气度，从而在老婆不高兴的时候马上表现出高姿态，积极主动地哄老婆开心，而不要与老婆针锋相对。毕竟过日子嘛，哪有锅碗瓢盆不一齐响的呢？只要男人充当和谐音符让这些声音协调起来，这些声音马上就会变得悦耳许多，也更加富有生活的气息。

不可不告诉男性朋友的是，女人不但是感性动物，而且是听觉动物。有的时候，男人一句不合时宜的话，在女人耳朵里就是争吵的导火索，女人此刻发起飙来是绝对不留情的。因而男人唯有拥有好口才，掌握讨老婆欢心的语言技巧，才能让家庭生活更加幸福和睦，也远离纷争和战争。有的时候。男人一句巧妙的话，就能哄得女人破涕为笑。

不知道什么原因，娜娜就和老公徐刚吵起来了。吵来吵去，徐刚居然半句也不让着娜娜，一气之下，娜娜收拾东西，决定回娘家，而且还提出"离婚"。徐刚看着气鼓鼓收拾东西的娜娜，有些不知所措，但是如果就这样低头道歉，他又觉得有些没面子。为此，徐刚思来想去，想出了一个好办法。

徐刚拦住拎着大箱子准备出门的娜娜，说："既然要离婚，当然要把财产分割清楚。"娜娜一听徐刚要分财产，把离婚当真了，不由得更加生气。不想，徐刚却说："家里所有财产都归你，我什么也不要。"娜娜的心又柔软下来，觉得徐刚总算没对自己赶尽杀绝，因而说："我没意见，现在我先带走一些贴身的东西，明天我会来和你交割的。"说完，娜娜依然气鼓鼓地准备离开，这时徐刚突然说："你还有贴身的东西没收拾呢！"娜娜有些困惑地看着徐刚，徐刚继续说："我也是你的贴身财物，你找个大箱子把我装起来带走吧。"徐刚的这句话和说话时脸上委屈的表情，使得娜娜忍俊不禁，不由得哈哈大笑起来。就这样，一场离婚风波，被徐刚的巧妙言语化解了。

如果徐刚不知道如何让娜娜消气，那么娜娜拎着行李箱走出家门之后，徐刚再想找她回来就很难了。毕竟这样的情况关起门来还是家庭内部矛盾，一旦被七大姑八大姨点评，大家再出些乱七八糟的主意，就会导致情况变得越来越糟糕。所以徐刚把娜娜拦在家里，消除娜娜的怒气，是非常明智的行为。

要想成功消除女人的愤怒，需要做到以下几点。

首先，在女人怒不可遏或者怒气冲冲的时候，男人千万不要保持沉默。也许男人会觉得自己生气的时候需要冷静，因而对待生气的女人也同样给予她们时间恢复理智，这完全是因为男人不了解女人。因为女人生气的时候只想有人陪在身边，不停地道歉，而不想被他人冷落。的确，男人此时给予女人的思考空间，在女人的理解就是男人在冷落她，因而女人会更生气。

其次，在哄女人开心或者安慰女人的时候，男人一定不要吝啬自己的甜言蜜语。归根结底，女人的耳根子是很软的，这就像是她们的心也很软一样。一旦女人被男人的话打动，她就会选择原谅男人。当然，如果男人不论说什么甜言蜜语都不管用，那就扔出那三个最管用的字——"我爱你"，迄今为止还很少有女人能在这三个字面前保持淡定和理智呢！

最后，男人千万不要心眼太实在，要想哄得女人开心，说些善意的谎言有的时候是必需的。诸如夸赞老婆依然年轻漂亮，就像是杨玉环一样丰满性感；再或者对老婆辛苦准备的饭菜赞不绝口，哪怕很难吃也要装作很好吃的样子，让老婆误以为她已经成功抓住了你的胃，她自然会觉得沾沾自喜、扬扬得意。

总而言之，男人的尊严固然重要，但是如果能够每天都逗得老婆笑靥如花，这样的男人显然更有本事，也更值得钦佩。所以男人们，从现在开始就练就三寸不烂之舌，而且在自己的舌头上多抹些蜜汁吧！

适当说些"醋话",暗示你的爱意

为了要证明自己和恋人爱得有多深,有些人会仿效某些模范夫妻,抓紧每个当众表现亲热的机会,来表示恋人有多爱自己;也有些人选择反证,借刺激对方的醋意,来衡量爱情的深度——对方越容易为自己吃醋,便表示对方越爱自己。后者这一方法被人们屡试不爽。可见,我们要想向对方表明爱意的话,可以说些暗示的"醋话"。

恋爱中的男女一旦发现竞争者或者情感的威胁者,他们会立即采取措施,言语反击就是一个重要方面。例如,很多男孩会对自己心爱的女孩说:"为什么你身边总是有一些怀有不良动机的人呢?我会替你赶走他们的。"乍看,这句话似乎很平常,但实际上,则是这位男孩的"醋话",聪明的女孩儿一般都能听出个中含义,如果她也喜欢这个男孩,在听到这些话后,自然会和其他男孩保持距离;而如果她对男孩并不在意的话,只会一笑了之。

在我国,男女青年热恋,一般较少像西方国家那样,十分明确地告诉对方"我爱你"。这种方法虽直截了当,然而由于戳破了那层纸,即刻便因失去了神秘感而索然无味。因而,示爱时多话不挑明,却让对方在焦急中意会。而说"醋话"进行暗示,也成了人们挑破关系的一个重要方法。

的确，恋爱中，恋爱双方谁也不愿最先捅破那层纸，痛快淋漓地表露心迹。有许多本可成为美满姻缘的恋人，往往会在这种僵持中丧失勇气，丢掉了大好时机。而这种暗示的方法则成了人们避免羞怯的一个好选择。

那么，我们如何利用这一心理策略向对方暗示爱意呢？

1.因人而异，注意"醋话"的度

曾经有人这样说：每个人都是一个独立的容器，容器的体积有别，容量自然不同。当一个茶杯碰上一个水杯，即使茶杯已倾尽所能，水杯还是觉得不够。相反，水杯却能轻易将茶杯斟满，只有两个体积相似的容器遇上，才能各得其所。也就是说，不是每一个人都愿意接受你"醋话"的暗示，当然，这需要我们自己把握。

另外，正如每个人对酸性食物有不同的反应，有些人喜欢吃面时多加醋，只因想调起些味道；有些人加了一点就感到酸溜溜，只因是牙齿过敏。同一道理，相同的一件事，在别人身上能增添几分情趣，在对方的内心却是倒海翻江。

例如，如果你们的关系正处于敏感的阶段，你过重的"醋话"，可能会对导致对方自信不足，也可能让其成了惊弓之鸟……

2.因时而异，别让对方会错意

针对双方关系的深浅，对于这种"醋话"的暗示，也是有要求的。如果彼此关系不深，我们应该注意调节"个体空间"距离，不要说些"醋意"很浓的话，不然就会引起对方的反感，特别是女子，会给人以轻浮之感。男方如这样，则又会被对方看作纨绔子弟。

同时，我们要注意说话的氛围，说话时要放松情绪、调节气氛。消除双方因过多顾虑而带来的过于谨慎的言谈是非常必要的，约会时"冷场"，往往会给双方带来较为严重的负面心理积淀。这种负面心理会化作一种沮丧、退缩的行为，从而进一步影响以后约会的语言表达能力。

总之，如果我们能掌握好利用"醋话"来暗示这一爱情心理策略的话，就能给心爱的人吃一颗定心丸，这对于双方关系的促进是极有帮助的！

偶尔小吵小闹也是一种情趣

感情需要激情的碰撞，就像玩碰碰车，乐趣在于东碰西撞、你攻我守，而游戏中的刺激就如同感情中的甜蜜。几乎每个家庭都会发生争吵的场景，但是，却不是每次吵架都能增进感情。结婚后，爱情的激情早已不再，日子渐渐回归平淡，偶尔小吵小闹，会给我们增添许多乐趣，让我们重新感受到爱情的激情与甜蜜。当然，两个人之间的吵架只限于小吵小闹小情话，一旦战争升级，不仅不能增进感情，反而会伤害彼此之间的感情。因此，在家庭这个城堡里，我们要学会将"吵架"变成感情的催化剂。

当然，即使是生活中的"小吵小闹"，稍有不慎，也有可能会战争升级，因此，我们需要注意以下几个问题。

1.不要冷战

大多数人吵闹时常常喜欢用冷战的方式，不接电话，或者一气之下出去住。其实，冷战无疑是一场赌博，冷掉的不仅是彼此之间的怨怒，还有感情。有人企图用冷战的方式去惩罚对方，殊不知，在这个过程中你自己也受到了惩罚。

2.不要冷嘲热讽

有的人在吵闹时喜欢说讽刺的话，如"你回来干什么？外面多逍遥自在啊。"这种口气只会激怒对方，冷嘲热讽的伤害是巨大的，没有哪一个人能容忍爱人对自己的嘲讽，真实地表露自己的诉求，对方会更容易理解。

3.就事论事

有时候，吵闹的导火线根本就只是一件小事，但是，由于两个人相处久了，了解彼此的事情多了，在吵闹时就将那些陈年往事翻了出来。这样，只会增加彼此之间的怨气，不如就事论事，你会发现，这些小事根本不值得生气。

4.多点娇嗔之语

在吵闹时,少一些犀利的语言,多一些温情的娇嗔之语,即使对方正在气头上,也会马上转怒为笑,这就是"小吵小闹小情话",增进感情,使爱情更加甜蜜。

男人再忙也要感谢和称赞你的妻子

"大男人""大丈夫""大老爷们""小女人""小媳妇"等,从这些称谓中,我们可以看出,一个男人,在家庭中自始至终居于核心地位。从古到今,中国的家庭模式就是"男主外,女主内",所以,作为丈夫,在家庭中,一定要充当好保护者的角色,一定要懂得呵护你的妻子。但任何情感都是需要表达的,面对每天生活在一起的妻子,也许你不可能每天都绞尽脑汁地说一些甜言蜜语。那请记住,女人都是感性的,都爱听赞美之言,所以无论何时,都别忘记感谢和称赞你的妻子,这样,她必当能感受到来自你的爱和幸福的婚姻生活。

我们可以说,当一个女人嫁给一个男人之后,她都会用心去维系婚姻、照顾丈夫和孩子,甚至为家庭节衣缩食。但作为男人,你千万记住,无论生活多么窘迫,也不要苦了你的妻子,只要你懂这一点,她就会心甘情愿地为你卖命。甚至在你失业、逐渐衰老失去腰围和头发的时候,她也会对你不离不弃,只要你不忘记称赞她的话,她能毫不抱怨地始终穿着她那件破旧的外套。很多看似聪明的男人却不知道这一点对妻子的重要。在他们看来,只要娶了她、跟她一起步入了婚姻的殿堂,就足以证明她对他来说是多么重要,但是女人们的想法却并不如此,她们只有经常被人肯定和称赞才认为是被爱的。

通常来说,男士们都比较容易知道他们自己的位置。假如最近有段时间他们表现得不好,那么,他们的上司很快就会提醒他们;假如他们最近工作努力,做成了几单生意,他们很快就会得到上司的嘉许、加薪或在同事中得到表扬。

然而,对于女士们来说,情况就完全不同了。她们的在家里不停地忙碌,如果丈夫不告诉她自己的成绩,她们根本不知道。因此,对于她们来说,爱人的赞赏和鼓励是唯一的奖励。只要你留心,你就能发现,你就会发现在你周围,那些快乐的男人们,他们生活幸福、有乐趣、食物可口,而这都是因为他们有个能干贤惠的太太。这些幸运的男士也注意到,要想赢得妻子的心,让她永远不辞劳苦地为自己、为家庭付出,最有用且永远都不会失败的方法就是感谢和赞美她。

有一对夫妻,结婚数十年,依然如结婚伊始般相爱,丈夫对妻子很疼爱,而妻子也和体谅丈夫。日常生活中,他们并没有多少甜言蜜语,甚至有时候还有点拌嘴,但这只是"嘴上不饶人",但实际上能互相体谅。

这天,丈夫回到家,看到妻子在厨房忙活,不到一会,一桌丰盛的晚餐端上来了,此时,丈夫才发现,妻子的脸色很差,而且还经常皱眉,于是问其究竟。妻子就是不说,丈夫明白妻子最近肯定是心里有什么委屈,不管是什么原因,自己都应该安慰一下。

饭后,妻子并没有和以前一样收拾饭菜,而是说自己先去躺一会,一会再来刷碗,丈夫没有说什么,因为他曾经在众人面前豪言自己从来不刷碗。过了一会妻子起来去厨房刷碗,发现丈夫正围着围裙刷得起劲,妻子心里既高兴又感激,她对丈夫说:"老公,你上班这么辛苦还洗碗呀?"

"没事,老婆,其实你才是最辛苦的,你看,原来被那么多人追的你最终选择了我,为我生儿育女,还打理整个家,现在我们的日子过得红红火火的,都是老婆一手创造的,我可不能让你这双手天天刷碗,大丈夫也要下得厨房,以后刷碗的事就交给我了。"

妻子被丈夫的鼓励、肯定和温馨的话所感动,给了丈夫一个温柔的拥抱,使他们的生活更加和谐了。

生活中的男人们,你是否也这样温柔地对待你的妻子呢?当她心情不好时,是不是也是主动承担家务并说出一番悦耳动听的赞美之言呢?相信如果你这样做的话,你也会为家庭增添一份和谐之音。

可能很多男人在婚前都对女友百般疼爱，尤其是在追求爱情的过程中更是使出浑身解数，说尽各种甜言蜜语，但一旦结婚，似乎就有一种"既成事实"的感觉，认为只需要赚钱养家、给老婆充足的物质生活即可，实际上，婚姻中的女人更希望得到自己丈夫的欣赏、认可和感谢，这远比名牌衣服、高档房屋更让她们觉得有幸福感。

在美国纽约，有一位叫伯·普洛的先生，他是纽约的一位专栏作家，他还出过不少书。很多人都以他为榜样，不仅是因为他事业成功，还因为他有一位贤妻。珍妮是很多男性心中典型的好妻子，但珍妮确认是罗伯才是世界上最好的男人。罗伯很明白该怎样才能让妻子成为世界上最幸福的女人。每次当他有什么新书要出版时，总会在书的扉页上写上诸如"献给珍妮，我的妻子、我生命里的全部"此类让人为之动容的话，这些只言片语完全比支票上的数字要有意义多了，这表示罗伯是怎样赞美自己的妻子。

总之，每一个男人都要明白，妻子不是你的私有财产，是有血有肉的人。作为家中顶梁柱的你要明白，真正"爱"并不只是给她充足的物质生活，而是看到她的优点和赞扬她，在互相欣赏的婚姻里，幸福才会愈久弥香。

打破沉默，夫妻之间也要架起沟通的桥梁

现实生活中，我们身边时常有这样的事发生：一对恋人在恋爱时，你侬我侬、亲密无间，真真羡煞旁人。然而，他们结婚以后，却没有如旁人意料的那样鹣鲽情深、举案齐眉，彼此间反而变得沉默寡言，有时甚至形同路人。之所以出现这种现象，究其原因，是因为"婚姻沉默症"在搞鬼。

包括心理学家在内的众多专家通过调查研究发现，很多新婚夫妻都存在这种心理障碍。夫妻从婚前的花前月下到婚后的柴米油盐，环境、身份等外在因素的改变，使得双方的心态也产生变化。人们往往觉得，一旦结了婚，对方便从爱侣变成家人，何必言情说爱。正是由于夫妻其中一方或双方对于爱情的忽视甚至漠视，导致两人进入了"情感表达障碍期"。然而，真正幸福的婚姻生活，是需要夫妻双方排除了这种障碍、打破沉默后才能出现的。

那么，想要打破婚姻沉默症的樊笼，让婚姻生活保持恋爱期间的甜蜜幸福感，夫妻双方又该注意哪些方面呢？

1.保持沟通，学会分享

我们常说，良好的沟通是保证人际关系发展进步的基础，夫妻之间也是如此。只有适时适当地沟通，才能让夫妻双方正确地解读彼此的想法，更好地了解彼此的心意。沟通可以是分

析问题，可以是表达爱意，更可以是分享感悟。大到畅谈自己某段人生经历的感悟，小到赞美对方准备的早餐丰富可口，这些内容，都可以是夫妻间的谈资，都可以成为夫妻沟通的主题。只要双方都能拥有保持沟通的意识，那么沉默便不攻自破。

2.夫妻平等，相互尊重

如今社会的文明程度不断提高，"夫妻平等"也从一句口号变成了许多家庭的实际情况。但依旧有一些家庭，至今存留着一方过于强势的情况。有的家庭"男主外女主内"，丈夫大如天，总觉得只要赚钱养家，就不必顾虑妻子感受。有的家庭妻子强悍，丈夫成了真正的"妻管严"，在家连大气都不敢出，遑论开口交流。更有甚者，夫妻双方都想占据家庭主导权，常常为了争个高下吵得面红耳赤。而这些情况，对于婚姻都是不利的。在家庭生活中，夫妻相互尊重是维系一段婚姻关系的基础。只有相互尊重，才能相互理解，相互包容，才能在平等的基础上相互扶持，相伴永远。

3.制造新鲜，来点情调

很多夫妻结了婚后，在柴米油盐的压力下越来越不愿在感情保鲜上花费精力和心思，以致双方越来越觉得家庭生活乏味而琐碎，开始习惯将"婚姻是爱情的坟墓"挂在嘴边，而忘了最初结合的本意。婚姻本是爱情的升华，双方情感的巅峰，是在相濡以沫的婚姻生活中共同到达的。一段美满的婚姻，需要长久保鲜的爱情来打造；而爱情的新鲜度，来自生活中各种小情调的调剂。无论结合多久，不管年纪几何，时常制造一些新鲜感，享受一点小情调，共同享受爱情的美妙，是婚姻生活中必不可少的调味剂。

婚姻是爱情的延续，不是爱情的终结。发誓"白首偕老、不离不弃"时，每个人都渴望誓言成真，愿意为之努力。只是在启程后才发现，路上依旧有着陷阱与阻挠。婚后沉默是一种病症，若不能及时、彻底医治，便会将爱情拖入坟墓。如何度过婚姻沉默期，考验着我们耐心和智慧。当夫妻双方携手从这一时期走出后，彼此的感情更加亲密，婚姻的免疫力也得到增强，这时，他们便会看见前方更加绚烂的美景。

参考文献

[1]晋翔.沟通心理学[M].北京：海潮出版社，2016.

[2]成正心.活学活用沟通心理学[M].北京：电子工业出版社，2017.

[3]苏拉.一语胜千言：巧用沟通心理学术[M].北京：电子工业出版社，2015.

[4]刘艳华.沟通心理学[M].天津：天津科学技术出版社，2017.

[5]谭忠秀.每天10分钟精通沟通心理学[M].北京：人民邮电出版社，2012.